決定版

神武天皇の真実

東北大学名誉教授
田中英道

扶桑社

はじめに——皇紀元年（紀元前六六〇年）の意味とは何か

◉「皇紀」を忘れた日本人

昭和十五（一九四〇）年に、皇紀二六〇〇年の盛大な紀元節《きげんせつ》が行われました（零戦＝零式艦上戦闘機の「ゼロ」は二六〇〇年のゼロです）。

そして令和三（二〇二一）年は皇紀二六八一年ですが、戦後、西暦に比べてこの皇紀が完全に無視されるようになりました。建国記念の日は復活しましたが、その年代のことについて、ほとんど誰も深く考えようとはしません。

皇紀元年は、西暦を紀元元年から六百六十年さかのぼる紀元前六六〇年にあたりますが、その意味を再検討する人が少ないのは残念なことです。

西暦二〇二一年という年代だけが日本でも行き渡ってしまい、令和三年という元号も二次的に扱われるようになっているようです。しかし西暦元年とはキリストが生まれたと称される年であり、キリスト教徒が人口のわずか一パーセント余でしかない日本で、まるで西暦が絶対であるかのように信じさせられているのです。これはある意味、日本人にとって偽善的な事態といっていいでしょう。

国家を忘れ、グローバリズムを支持する学界の人たちは、皇暦を探査することはナショナリズムの動きだ、といって忌避《きひ》します。戦後の多くの歴史家は、日本の歴史を否定することが科学的だといって、ただ無視しているのです。

しかしそうした人たちは、日本の歴史的事実を否定しますが、それを忘れさせようとしてきた戦後の文化戦略のことを理解していません。

また、西暦を使うことで、世界をキリスト教化するという西洋人の支配欲に従ってしまったことになります。そんな状態に陥っても、まだキリスト教徒になろうとしない頑固な日本人には、それにふさわしい皇暦があるのです。

神武《じんむ》天皇の即位《そくい》の年を元年に紀元節として祖先が提起した以上、そこには意味があり、その意義を問うことは歴史家として当然のことでしょう。明治以後の日本人の偽善を、上塗りさせてはならないのです。

◉日本の歴史について考えるきっかけとなる皇紀

神武天皇即位の年を「元年」と定めた皇暦以外にも、日本の縄文《じょうもん》、弥生《やよい》時代に、関東に日高見国《ひたかみのくに》があったという事実（すでに歴史的事実といってよいでしょう）から、多くのことを再検討しなければなりません。

神日本磐余彦（カムヤマトイワレヒコ）が神武天皇として即位したことは、高天原《たかまがはら》から天孫降臨《てんそんこうりん》した瓊瓊杵尊（ニニギノミコト）の孫がヤマトを支配したということです。それは日高見国が西方に送った勢力が、大和国を新たに日本として建国したと考えられます。

この紀元節とは、日本が一人の天皇（すめらみこと）を戴《いただ》いて統一された日を紀元として示しているのです。

紀元前六六〇年は、考古学的には縄文時代、現代の研究では弥生時代ですが、このような時期に神武天皇が橿原宮《かしはらのみや》に都を置かれたという「記紀」の記述と、その地域をどんなに遺跡調査しても古墳が存在しないという事実とのギャップから、神武天皇不在説が広がりました。しかし、大和国の成立と、一人の天皇の名前とを必ずしも同一化してはいけません。

神武天皇の存在を疑う人も、一人の司祭王に率いられて大和国、ひいては日本国が統一されたことまで否定してはならないのです。東国の日高見国が西国に進出し、日本に統一政権を成立させたという新しい説がもたらされたからです。

そのとき君臨した人物がどんな名前だろうと、八世紀の奈良時代の貴族、淡海三《おうみのみ》船《ふね》(七二二〜七八五)によってつけられた漢名であろうと、あたかも一人の独裁者が現れたと錯覚してはならないのです。

『日本書記』には、初代神武天皇から第十六代仁徳《にんとく》天皇の時代まで、百歳以上という考えられないほど長寿の天皇がたしかに続いているため、常識的に考えてそうした天皇の存在はありえないという説がますます広まり、戦後決定的になってしまったようです。

私は、こうした天皇に関する歴史の記述には、なんらかの事実があるはずだと考えています。

この西暦紀元前六六〇年を元年とすることの根拠は、どこからきているのでしょうか。令和元年は新しい天皇即位の年で、同時に皇紀二六七九年でした。日本人としては西暦よりもこの皇紀について考えるよいきっかけで、この年代の再検討は必要なことなのです。

本書では、それを問題の一つとして、重要な神武天皇と崇神《すじん》天皇の関係、長髄彦《ながすねひこ》とは何者か、そして最初の巨大な前方後円墳（私は前円後方墳だと考えていますが、本書の主要な論点ではないので、本書では前方後円墳と表記します）、箸墓《はしはか》古墳こそが真の神武天皇＝崇神天皇の墓であることを説いていきます。

決定版　神武天皇の真実●目次

第二章　神武天皇の東征はいつだったのか

第三章 「記紀」から読み解く神武天皇＝崇神天皇

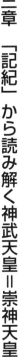

第四章　箸墓古墳は崇神天皇陵だった

編集協力——高関　進
装　　幀——村橋雅之

第一章　神武天皇は第十代崇神天皇だった

◉皇紀元年は神武天皇の即位の日

「はじめに」でも触れたように、皇紀とは神武天皇＝神日本磐余彦（カムヤマトイワレヒコ）即位の年を日本の紀元「元年」と定めたと『日本書紀』に書かれています。神武天皇の即位日は《辛酉《しんゆう》年、春正月、庚辰朔《かのえたつついたち》、日付は正月朔日》、つまり神武天皇初年一月一日であったと書かれているのです。

日本国史上「最古の元旦」の記録は、神武天皇の即位にまつわる『日本書紀』の記載です。辛酉年《しんゆうのとし》（西暦紀元前六六〇年）に畝傍山《うねびやま》橿原《かしはら》市の東南の麓に橿原宮《かしはらのみや》を建て、神武天皇は王位に就かれた、という記述です。まず、この年代のことから考えていきましょう。

「辛酉（しんゆう、かのととり）」とは干支の一つで、千二百六十年に一回めぐってくる、支那では革命的事件が起きるとされている特別な年です。したがって、二十一掛ける六十年が一二六〇年で、推古天皇九（六〇一）年から引いた年代が紀元節の年となる、とされています。

たしかに「記紀」では、年記は大陸から来た干支十二支の組み合わせを使っていますが、いったいこれは当時どのように理解されていたのでしょうか。はたして神武天皇の即位の年が、中国の「大革命」と同じと認識されて使われたと考えてよいのでしょうか。

辛酉の年は六十年ごとにやってきますから、必ずしも大革命の年でなくてもいいのですが、『日本書紀』の編者は、初代神武天皇の即位年にふさわしいと考えたのでしょう。

いずれにせよ、『日本書紀』にはなぜ「辛酉」が使われたか記されていません。そもそもこの時代、千年以上の長い期間を表す具体的な時間表現はなかったはずです。

しかし、そのような中国暦にこだわらず、『日本書紀』に書かれた数十年以内の間隔であると考えられる年代を次々に拾っていけば、古い年代が明らかになると考えられます。そうした長い歴史の観念を考えたのは、江戸時代になってからです。

◉神武天皇の即位は紀元前六六〇年でいいのか

『日本書紀』の記述をたどれば神武天皇即位の年までさかのぼって同定できると考え、測定したのは江戸時代前期の天文暦学者・渋川春海《しぶかわはるみ》（一六三九〜一七一五）です。彼は、日本初の長暦に関する書物『日本長暦《ちょうれき》』を延宝《えんぽう》五（一六七七）年に著しました。

同書は、日本において暦が施行されて以降のすべての期間のみならず、神武天皇即位紀元までさかのぼり、その暦法を推し量って暦について記しています。渋川春海は、中国伝来の暦の考え方で数えられると考えたのです（ちなみに本居宣長《もとおりのりなが》は『真暦考《しんれきこう》』で、古来の日本にはそのような日時の意識はなかったはずだと批判しています）。

この『日本長暦』は、別の解釈もなく、以後「辛酉年」は紀元前六六〇年に相当する年であることが定着し、明治以後の王政復古の政治、思想状況下でも、この中国暦による暦が採用されています。

このような、紀元前六六〇年を神武天皇即位紀元とした説は、明治時代にも支持されました。明治三十（一八九七）年には那珂通世《なかみちよ》（一八五一～一九〇八）が「辛酉革命説」で、『日本書紀』はその紀年を立てるにあたり、中国の前漢から後漢に流行した讖緯《しんい》説を採用していたと述べています。

しかし問題なのは、古代中国の暦や支那の歴史の辛酉革命の概念に合わせることで日本皇室の起源の古さと権威を示した、と当時の日本人は考えていたのかという点です。

那珂氏は、平安時代の公家で漢学者の三善清行《みよしのきよゆき》が著した『革命勘文《かんもん》』（昌泰《しょうたい》四〈九〇一〉年）を挙げて、この年が辛酉年だったので三善が改元するよう主張し、朝廷もこれを受け入れて元号を「延喜《えんぎ》」としたといいます。

しかし日本では、辛酉改元はこれが最初の例であり、その以前には行われていなかったと考えられます。その後、永禄《えいろく》四（一五六一）年と元和《げんな》七（一六二一）年を除き、幕末まで続いているものの、それ以前に行われていなかったことは、これが聖徳太子の時代に行われていたと考えることを難しくさせます。

◉神武天皇の即位は紀元前ではない？

平安時代になって最初の例が見出《みいだ》されたということは、平安時代に漢籍が研究されて朝廷も受け入れたということですから、それ以前は知られていなかったといわざるをえません。

しかも清行の『易緯』の鄭玄《じょうげん》の注によると、六甲（甲は六回＝六十年）が一元であり、七元×三＝二十一元が一蔀《ぼう》で、合わせて千三百二十年が大きな周期になっています。清行は神武天皇即位から千三百二十年後の斎明《さいめい》天皇七（六六一）年が二蔀目のはじまりの年と考えました。しかし正しく計算すると、一蔀は千三百二十年ではなく千二百六十年（六十×二十一）になります。

そこで那珂氏は、基準年は推古天皇九（六〇一）年にならなければならないと考えました。そしてそこからさかのぼって、千二百六十年前の紀元前六六〇年を神武天皇の即位年にしたのです。

那珂氏は、平安時代の三善清行の計算が間違っていたといっています。しかし正確さの点でいうと、那珂氏自身もかなりあいまいです。聖徳太子が政治を執り行っていた六〇一年が、中国の讖緯《しんい》説における辛酉の大革命の年だと述べているからです。

そのため那珂氏は、『日本書紀』の編者がそれに合わせて神武天皇の即位の年も辛酉の年であろうと算出した、といいますが、六〇一年という年はそれほど記念すべき年ではありません。

聖徳太子が政治をはじめたのは、西暦でいうと六〇一年ではなく、五九三年です。推古天皇が即位されたあとですから八年も違うため、那珂氏が辛酉の年に合わせようとしただけだと考えられます。いずれにせよ、正確な年代を測ることはまだ不可能といっていい時代だったのです。

平安時代以後、日本でもこの辛酉の年に改元するという慣習ができたにせよ、辛酉という年代は革命の年と考えるより、もっと現実的な日本暦の代わりを考えるべきでしょう。神武天皇の即位が現実にいつ頃だったかを考えることによって、辛酉という年代、特に紀元前六六〇年という年の是非を問うべきです。

いずれにせよ、紀元前六六〇年というような早い時期に神武天皇が即位されたことは疑わしいといえるでしょう。

◉第十六代仁徳天皇までが長命な理由

『日本書紀』に書かれている歴代天皇の在位期間を、初代神武天皇から三十三代推古天皇まで数えていけば、おのずから日本の時間的歴史をたどれるのではないでしょうか。

これを最初に行ったのが、先に挙げた渋川春海による日本初の長暦、『日本長暦』です。しかしそこでも神武天皇即位年が紀元前六六〇年であると認めており、それを再考する必要があるでしょう。

というのも、次のように、神武天皇の即位伝説に合わせるためか、またはほかの理由で、多くの天皇が百歳以上の長い生涯を送っていることになっているからです。

『日本書紀』によると、初代の神武天皇（異称：始馭天下之天皇〈ハツクニシラススメラミコト〉、彦火火出見〈ヒコホホデミ〉、神日本磐余彦天皇〈カムヤマトイワレヒコノスメラミコト〉は、七十六年の在位で百二十七歳まで生きておられたとあります。続けて、歴代の天皇の在位年数と崩御の年齢は次のようになっています。

二代・綏靖《すいぜい》天皇は三十三年在位され、八十四歳で崩御
三代・安寧《あんねい》天皇は三十八年在位され、五十七歳で崩御
四代・懿徳《いとく》天皇は三十四年在位され、七十七歳で崩御
五代・孝昭《こうしょう》天皇は八十三年在位され、百十三歳で崩御
六代・孝安《こうあん》天皇は百二年在位され、百三十七歳で崩御
七代・孝霊《こうれい》天皇は七十六年在位され、百二十八歳で崩御
八代・孝元《こうげん》天皇は五十七年在位され、百十六歳で崩御
九代・開化《かいか》天皇は六十年在位され、百十一歳で崩御
十代・崇神《すじん》天皇（異称：御肇國天皇〈ハツクニシラススメラミコト〉）は百二十歳で崩御

ちなみに、開化天皇の異称「稚日本根子彦大日日天皇（ワカヤマトネコヒコオオヒヒノスメラミコト）」の「日本根《やまとね》」のように、九代までが日の本の根の文字があります。これは、日の本の根、つまり高天原《たかまがはら》が想定される日高見国《ひたかみのくに》と関係すると考えられます。まだ天皇が、日高見国と密接な関係にあったのでしょう。

さて、これらの天皇の年齢の不自然さですが、私はそれを「不在の証拠」とは考えません。

この年齢の長さについていえば、『魏志倭人伝』の裴松之《はいしょうし》注に、「魏略曰《いわ》く」として、「その風俗では、正月や四季の区別を知らず、ただ春に耕し、秋に収穫することを数えて年期としている」という記述があります。暦がなく、農耕の一巡で年を数えるというのです。この倭国の記述が正しいかどうかは別として、中国には耕して一年、収穫して二年というふうに、現在の一年を二年に数える、二倍年暦があったことを示唆しています。

二年が現在の一年と考えれば、『倭人伝』の記述の百や八十、九十の長寿者が多いという記述が四十、五十のことになり、現実的だというのです。しかし実在性が確実視されている第十六代仁徳《にんとく》天皇が八十三歳（百十歳とも）まで生きておられたことは、この天皇だけは年齢の考え方はそれに伴っていなかったということになります。

『古事記』によると、海幸彦と山幸彦「坐高千穂宮、伍佰捌拾歳《いほちまりやそとせ》」、『日本書紀』巻三「自天祖降跡以逮于今一百七十九萬二千四百七十餘歳」のように百八十万近くという、とんでもない数字が語られており、神の存在とはいえ、年代の考え方に一定した原則はなかったと考えなければなりません。

書いた当時は意味があったとすれば、年代そのものが一つのフィクションであることを了解していたことになります。「記紀」にはこの年齢の長さの説明はされていませんが、これは歴史学者の平泉澄《きよし》氏が『物語日本史』で述べているように、神々でもあるという証拠です。

その正確な年齢の理由は、尋常の人間と同じではないということであって、それが第十六代まで続くのも、実在でありながら高天原と関係する天津神《あまつかみ》として考えられていると見ることができるのです。

最初の天皇が即位された紀元前六六〇年という年代を尊重すべきです。後の「欠史八代」の年代は不明であり、恣意《しい》的なものと考えていいでしょう。正確な年代を数えることは、「記紀」が書かれたときには、すでに年代を明らかにするのは困難であったということを勘案しなければなりません。

それはキリストの生誕年を元年とする西洋暦と同じ、歴史年時をたどることの不可能性といっていいでしょう。「記紀」以外の文書記録が少なく、年代記者の記憶も定かではありません。また、彼らのフィクションの部分もあるだろうと考えられます。

ですから、紀元前六六〇年という年を紀元節の年、と認めることにしていいでしょう。

その年について、歴史上、実質的な事実があったことにリアリティが生まれてくるのです。

◉神武天皇と崇神天皇が「ハックニシラススメラミコト」とされる謎

初代神武天皇が、「ハックニシラススメラミコト：始馭天下之天皇」（『日本書紀』）と号されていることは名高いですが、第十代崇神天皇も同じ意味の「所知初国之御真木天皇」（初国《はつくに》知らしし御真木《みまき》天皇『古事記』）、「御肇国天皇《はつくにしらす》」（『日本書紀』）、「初国所知美麻貴天皇」（『常陸国風土記』）と記されています。この記述は明らかに、初代の天皇とされていたことを示しています。

このように、崇神天皇について三書に同じ言葉が記されていることは、当然、同一人物であることを意識して書かれていると思わざるをえません。つまり、現実の神武天皇の統治は、同一家系の第十代崇神天皇から始まることになるのです。

ところが、神武天皇と崇神天皇の間に八代にわたる天皇の名が記されていますから、両者が時代を隔てた別の天皇であることは明らかです。このように、重要な大和国家の誕生を知らしめる同じ言葉が二人の天皇に記されていることは、単なる「錯誤」なのでしょうか。この謎は、日本国史の歴史家にとって解決すべき大問題であるのは間違いないでしょう。

しかし、神武天皇に与えられた「ハツクニシラススメラミコト」の称号が、仮に初代の天皇を示すものであれば、崇神天皇の同名称は錯誤ではなく、同一人物の可能性が隠されていると考えることができます。そうすると、なぜこの二柱の天皇の間に、欠史八代の天皇が記されているのでしょうか。

はたしてこの二天皇はどのような関係にあるのか、またそれぞれの天皇の墳墓がどこであるかについても考えていきたいと思います。

◉初代天皇は饒速日命《ニギハヤヒノミコト》だった

私は『日本神話と同化ユダヤ人』（勉誠出版、二〇二〇年）など、これまでの古代史に関する論考集のなかで、「皇紀元年（紀元前六六〇年）の意味とは何か」ということで饒速日命（ニギハヤヒノミコト）について論じています。

神武天皇の即位が紀元前六六〇年にあったということは、神武天皇が即位されるまで、その名に値する天皇の統治が歴史のなかに隠されている、と想定できるでしょう。

現代の感覚では、「そんなことはありえない」と言う人もいるかもしれません。しかし、代々の後継者が何代も同じ名前で呼ばれることは、日本では多いのです。先代、先々代などと区別されますが、同一名で語られることはよくあります。歌舞伎でも、「松本幸四郎」が江戸時代からいます。現在の幸四郎は十代目です。

特に「記紀」に記述される神の名は、時間を超えて同じ神とされていますが、それが現実世界では同じ家系の人物のことを語っていると考えられます。

つまり、その間に、神武天皇と同等と思われる家系が大和国にあったことが隠されているのではないか、ということです。

これまでも、『日本書紀』に書かれる初代神武天皇から、多くの史家がいういわゆる「欠史八代」の時代は、別の「王朝」だったという説があります。その王朝がのちに十代の崇神天皇によって併合されたというのですが、この説は邪馬台国の実在性を信じる人々による、その所在地が畿内、九州のどちらかという問題から生じたのです。

邪馬台国が畿内にあったとして、奈良盆地の葛城の王朝がそれであるということです。

私は、邪馬台国不在説は確実だと考えていますから、この説は問題にしません。

ただ、初代天皇から九代まで、前の王朝があったという考え方は、これから述べる饒速日命王朝と発想が似ています。また、神武天皇と第十代崇神天皇は、同じ「御肇国天皇」と呼ばれて区別されていますが、同一天皇ではないかと想定される場合もあります。

「欠史八代」の多くの天皇が、先述したようにその異称に日の本を表す根の文字があること、近畿の磯城《しき》県主《あがたぬし》と婚姻を結んでいることなど、同一家系であることがわかります。后妃に関しても、九代孝安天皇以前は基本的に同一家系で、その後の婚姻形態と異なっていると推定できます。それはこの欠史八代の時代が、同じ王朝だったことを示しているのではないでしょうか。

そこで、神武天皇の前におられた饒速日命王朝について考えてみます。『日本書紀』第三には概略、次のような内容が書かれています。

天皇が塩土老翁（シオツチノオジ）という人物に、（都にするための）よい場所がないか尋ねると、「東のほうに、以前、饒速日命（ニギハヤヒノミコト）という者が天磐《あまのいわ》船《ふね》に乗って降りた、四方を山に囲まれた美しい土地があるそうです。そここそ私たちの大業を広めるにふさわしい場所でしょう」と答えたそうです。そのため、磐余彦命（イワレヒコノミコト）は皇子や軍団を率いて東をめざした、というのです。

饒速日命は、すでに神武天皇の前に、大和に天孫降臨されていた存在です。この天津神は、『古事記』では神武天皇に従って降臨した神となっていますが、『日本書紀』は、ご自身が「天磐船」に乗って天孫降臨をしていたと記しています。

また、『先代旧事本紀』でも、饒速日命は神武天皇の祖父、天孫降臨をする瓊瓊杵尊（ニニギノミコト）の兄である天火明命（アメノホアカリノミコト）と同一の神であると書かれています。高天原の立派な神で、神武天皇とも深いつながりがあったことがわかります。

また『古事記』では饒速日命が磐余彦命（イワレヒコノミコト）のもとに参上して、天津神の御子に「天津神の御子が天降って来られたと聞いたので、あとを追ってまいりました」と申し上げる形になっています。そして天津神の子であるしるしの宝物を献《たてまつ》って仕えます。饒速日命は、登美毘古（トミビコ〈登美能那賀須泥毘古：トミノナガスネビコ〉）の妹の登美夜毘売（トミヤビメ）と結婚し、二人のあいだに宇摩志麻遅命（ウマシマヂノミコト）が生まれますが、この人は物部連《もののべのむらじ》・穂積臣《ほづみのおみ》・婇臣《うねめのおみ》の祖先です。

このようにして磐余彦命は、荒ぶる神たちを平定し、服従しない者たちを撃退して、畝火《うねび》の白檮原宮《かしはらのみや》をおき、天下を治めたのです。

神武天皇は饒速日命のこの処置を見て、饒速日命が自分に忠誠を誓っていると判断し、和睦し、寵愛することにしました。こうして饒速日命は物部氏の祖となったのです。神武天皇は、こうして初代天皇（ハツクニシラススメラミコト）として即位しました。

しかし、饒速日命と神武天皇の間の時間、つまり饒速日命が歴史的にどれほどの期間、ヤマトを統治していたのかという問題があります。

大国主《オオクニヌシ》の「国譲り」があったのち、大国主命が三輪山を拠点にしていた大物主命《オオモノヌシノミコト》のヤマトをアマテラス系に「譲った」あとに、東国から「天降った」ことは理解できるのです。

これが、『日本書紀』が伝えている物部氏の物語で、饒速日命は物部氏の祖というわけです。ここで物部氏という氏族についてみていきましょう。

◉饒速日命と物部氏

物部氏を祀る神社に、石上《いそのかみ》神宮があります。石上神宮は『日本書紀』で、伊勢神宮と並び「神宮」という尊称を得ていますから、当時、いかに物部氏が重視されていたかがわかります。

石上神宮はもともと和邇《わに》氏系統の神社で、和邇氏が神を祀り、物部氏は神の物（神宝）を守る氏族だったそうです。その神宝を管理する氏族がクローズアップされて通説になりました。

また、『延喜式』神名帳には、「石上坐布都御霊神社」（国史大系本）、「石上坐留御霊神社」（吉田家本）と、布都と布留の両方が用いられています。フツとフルは同義語としても、フツは剣だけを示し、フルは「招魂」をミタマフリというように、マツリゴトの意味で使われます。

『日本書紀』では石上神宮のことを「石上振神社」とも呼んでいますが、いずれにせよ物部氏が管理する石上神宮は、布都の神を祀っているのです。

実際、『石上神宮略記』（石上神宮社務所）には、石上神宮の御祭神は、布都御魂《ふつのみたま》大神（配祀）、布留御魂大神、布都斯魂《しみたま》大神、宇麻志麻治命（ウマシマヂノミコト）、五十瓊敷命（イニシキノミコト）、白河天皇、市川臣命となっています。

『石上神宮略記』『石上神宮』では、物部氏の名前が布都御魂大神とともに語られ、「神剣、布都御魂にます」と記されています。また、神代の昔、天孫降臨の際に経津主（フツヌシ）、武甕槌（タケミカヅチ）の二神とともに国土鎮定の大業を成就したと述べられています。

その物部氏が、崇神天皇の時代に、この石上神宮に祀られたと語られているのです。石上神宮の社号が『延喜式神名帳』では、石上坐布御霊神社と書かれているのも、布都の御魂がこの石上に坐していることを伝えています。

この布都とは剣のことですが、明治七（一八七四）年、大宮司だった菅政友《かんまさとも》によって掘り出され、本殿の御神体として奉安されました。日本刀は刃を外に背を内に反らせていますが、師霊剣《ふつのみたま》はこれとは逆に内反りの剣です。

これは、鎌や斧と同じタイプで、剣や槍とは異なり武器に向いていません。あとで述べる東征の話で、剣で相手を倒す高倉下（タカクラジ）という存在が登場しますが、高倉下が御霊剣として振りかざしたのがこの剣で、ある意味では実戦上のものではなく、精神的な力を有する剣だと考えられます。

石上神宮の御神体の山は布留山《ふる》で、石上は布留を鎮魂するために創建されたのです。石上とは、磐座の上に築かれた社のことであり、物部氏とも経津《ふつ》の神とも関係のない言葉に見えますが、それだけ岩や石という自然神の山であることを示しています。

石上が「いそのかみ」と読まれるのは「五十神」という、多くの神を同時に祀る神社であることを示しますが、当時の物部氏の規模の大きさ、勢力の広い分布を示すものと思われます。

◉『先代旧事本紀』にも登場する物部氏

物部氏を語る上で欠かせないのが『先代旧事本紀』です。ただ、この書については、その序文に「聖徳太子と蘇我馬子によって編纂《へんさん》された」と書いてあるにもかかわらず、本文には彼らの死後の事象が記されていることで、本居宣長以来、偽書とされており、私もその影響を受けて今まではあまり取り上げませんでした。しかし、物部氏を知る文献と知り、再考せざるをえませんでした。

近年の研究では、序文のみが後世のもので、それ以外はかなり信憑性《しんぴょうせい》があると考えられています。この『旧事本紀』はいつごろ書かれたものなのでしょうか。

日本で最初に書かれた歴史書は、聖徳太子と蘇我馬子が編纂したとされる『天皇記』であり『国記』ですが、これらは大化の改新で蘇我宗家が焼き討ちされた際、消失したとされています。この『旧事本紀』の原典は、こうした時代のせいで失われたと考えられています。「記紀」と異なる記述を含んでいるからです。

『日本書紀』には「蘇我邸焼き討ちの際に原典の一部が救出された」という記事があります。《蘇我蝦夷等誅されむとして悉《ふつく》に天皇記・国記・珍宝を焼く、船史恵尺《ふねのふびとえさか》、即ち疾《と》く、焼かるる国紀を取りて、中大兄皇子に奉献る》とあり、この『国記』が『旧事本紀』の原典だったと考えられます。

特にその巻五において、「天孫本紀（皇孫本紀）」が述べられ、饒速日命、天香語山命（アメノカグヤマノミコト）、尾張氏の系譜・宇麻志麻治、物部氏の系譜（一～七世孫）・物部氏の系譜（八～十七世孫）とあり、ここで詳しく物部氏について述べています。しかし、『旧事本紀』巻十に、「記紀」にはまったく見られない「国造本紀《くにのみやつこ》」の記述があります。

「国造」とは、軍事、祭祀などにたずさわっている地方官のことですが、『旧事本紀』に挙げられている国造の数は百三十九に及び、初代国造の系譜が記されています。律令制のときの記載もあるものの、大伴氏や中臣氏といった中枢の国造が書かれていないことにより、七世紀後半のものではないかと推測されます。

すると、『日本書紀』のなかで『国記』『天皇記』『臣連伴造国造百八十部并公民等本記（おみむらじとものみやつこくにのみやつこももあまりやそとものをあわせておおみたからどもどものもとつふみ）』の部分ではないかと推測されます。

◉『先代旧事本紀』で語られている神武天皇

『旧事本紀』では、饒速日命を従えた神武天皇（磐余彦《いわれひこ》）について次のように語っています。

天香語山命、天降ってからの名前は手栗彦《たくわひこ》（漁業あるいは養蚕を掌《つかさど》る）、または高《たか》倉下命《くらじのみこと》といいます。この命は祖神の天孫《あめみま》の尊（饒速日命）に従って天降り（三十二神の一人）、紀伊の国、熊野の村（今の和歌山県新宮市付近）にいました。

その後、天孫の天饒国饒天津彦々火瓊々杵尊（アマニギシクニギシアマツヒコヒコホノニニギノミコト）の孫、磐余彦尊（第一神武天皇）が西宮（今の宮崎市付近）から出発して、自ら船団を率いて東征されたとき、反抗する者が方々で蜂起しました。いまだに服従しない中州《なかつくに》（日本の国の中央である大和国付近）の豪族、長髄彦《ながすねひこ》が軍勢を集めて抵抗します。天孫は戦い続けましたが、勝つことができませんでした。紀伊の国熊野に至ると、悪い神が毒気を吐いたため従軍の兵士たちは正気を失ってしまいます。天孫も同じようになってしまい、なすすべがありません。

このとき、村にいた高倉下命は夢を見ましたが、そのなかで天照大神が武甕槌神《たけみかづちのかみ》（出雲に派遣され葦原中国《あしはらのなかつくに》を平定した）にこう言いました。「葦原の瑞穂の国はやはり騒がしく乱れているようですから、あなたは再び行って平定しなさい」と。

武甕槌神はそれに答えて、「私が直接に降らなくても、以前国土を平定した際に使った剣を降らせれば自ずと鎮圧されるでしょう」。そして高倉下命に向かって「わが剣、フツの霊を今すぐあなたの倉の裏に置く。それをもって天孫（のちの神武天皇）に奉るように」。

このとき高倉下命は夢から覚め、翌日倉を開いて中を見ると、剣が倉の底に逆さまに突き刺さっていました。それを天孫に献上すると、毒気にやられてすっかり寝込んでいた天孫が急に目覚めて「私はどうしてこんなに長く寝入ってしまったのだろう」と言いました。続いて、悪い毒気に当たっていた従軍の兵士たちも全員が覚醒して立ち上がります。

そうして中州に向かった神武天皇の軍は、剣を得て勢力を盛り返したため、高倉下命はほめられ、近臣となったのです。

この巻第六の「皇孫本紀」には、『日本書紀』に書かれている、すでにこの地を支配していた饒速日命について記述されていません。磐余彦（神武天皇）の軍勢が長髄彦の抵抗にあったあと、長髄彦が饒速日命に伴って天降りした高倉下命がその役割を演じたらしいのです。いずれにせよ、饒速日命がいたことを述べていません。

つまり、祖神の天孫の尊（饒速日命）に従って天降りした三十二神の一人が、天香語山命、手栗彦命、つまり高倉下命だったのです。そして高倉下は紀伊の国、熊野の村におり、天孫が苦しまれたとき、武甕槌神の剣の助けで救われたと書かれています。

つまり、饒速日命は磐余彦に統治権を譲ったとは書いていないわけで、この点はこの書が物部氏の祖として磐余彦に従ったことを書きたくなかったと推測されます。

もちろん『旧事本紀』巻三「天神本紀」、第五の「天孫本紀」には饒速日命とその子、天香語山命以降のことが書かれていて、その子孫が十七代にわたって語られており、かなり長いあいだ大和地方を統治していたことがわかります。

◉日本各地の物部氏の分布

『先代旧事本紀』には、饒速日命とともに天降った二十五人の「物部」が各地の物部氏の起源だと記されています。

すでに縄文・弥生時代において物部氏がいたことを示唆していますが、それが蘇我氏との戦い後に途絶えたわけではなく、その後、日本全国に分散していたと推測されます。『旧事本紀』は、『万葉集』をはじめ平安時代末までの古文書から物部の名を拾って表にしていますが、全国に広がっていることがわかります。

しかし注目すべきは、物部氏の起源とされる関東の物部の存在です。常陸《ひたち》、上総《かずさ》、下総《しもうさ》、武蔵、上野《こうずけ》、下野《しもつけ》などに広く定住していたようで、『万葉集』『常陸国風土記』など、古い文献に多く記されていることが、ほかの物部氏との大きな違いを見せています。関東での足跡は古い物部氏の存在を際立たせているのです。

物部氏の職掌は、軍事・警察であるとする説と、祭祀であるという説があります。前者は物部の「モノ」を「もののふ」「もののぐ」の「武」の意味、後者は「もののけ」の「霊」の意味である、としています。また、「物一般」として王権に関わるものを生産した集団だろうという説もあります。

いずれにせよ、物と者に関わる全般の実際的な管理者、守護者であるという彼らの実務者の面が浮き出ています。

こうした「物部」の名がつけられた物部神社は全国に十八あり、総本社は島根県にあります。物部神社の社伝によると、由緒は次のようなことです。

《神武天皇御東遷のとき、忠誠を尽くされましたので天皇より神剣韴霊（フツノミタマ）剣を賜りました。また、神武天皇御即位のとき、御祭神は五十串を樹て、韴霊剣・十種神宝を奉斎して天皇のために鎮魂宝寿を祈願されました。（鎮魂祭の起源）。その後、御祭神は天香具山命と共に物部の兵を卒いて尾張・美濃・越国を平定され、天香具山命は新潟県の弥彦神社に鎮座されました。御祭神はさらに播磨・丹波を経て石見国に入り、都留夫・忍原・於爾《おに》・曽保里の兇賊《いつへ》を平定し、厳瓮《いつべ》を据え、天神を奉

斎され（一瓶社の起源）、安の国（安濃郡名の起源）とされました》

ここでわかるのは、天皇より神剣師霊剣を賜ったことが物部神社の起源となったこと、そしてその剣に象徴される物部の兵によって各地が平定されていったということです。

総本社が島根にあるということは、その地方が神剣師霊の力を必要とした困難な地域だったからだと考えられます。というのはこの一帯は、まさに「国譲り」を行った大国主命が支配していた出雲地方だったからです。この神社の筆頭の祭神は宇摩志麻遅《うましまぢ》で、饒速日命とともに最後に天降った神とされています。

◉鹿島神宮（中臣氏）と香取神宮（物部氏）

『旧事本紀』では崇神天皇が物部伊香色雄《いかがしこお》大臣に詔《みことのり》して、

《神物を班《あかた》しめ、天《あまつ》の社《やしろ》・国《くにつ》の社を定め、物部の八十手《やそて》の作れる神祭りの物をもて、八十万《やそよろず》の群神《もろがみ》を祭る。布都《ふつ》の大神《おおがみ》を、大倭の国、山辺《やまのべ》の郡、石上邑《いそのかみむら》に遷し建つ。すなはち天祖饒速日の尊に授けたまひ、天より受け来し。天璽《あまつしるし》の瑞の宝も、同じくともに蔵《おさ》め斎《いわ》ひて、号《なつ》けて石上《いそのかみ》の大神と曰す。もて国家《あめのした》のために、また氏神となし、崇め祠《まつ》りて、鎮《しずめ》とす》

とあります。ここに書かれているのは、物部氏の祭神として布都の大神がおり、大倭の石上に遷《かえ》り、饒速日命をして国家を治めさせたということです。

「ふつ」とは刀剣のことですが、ここでは布都の神として、一柱の神として扱われています。この布都の大神（布都御魂）は香取神宮の祭神でもあることに注目すべきでしょう。

香取神宮の経津主の神の出自については、『日本書紀』に、イザナギがカグツチを斬ったとき、剣から滴《しただ》る血が固まってできた岩群がフツヌシの祖であるとされています。その後、『日本書紀』では天孫降臨に先立って、大国主命の統治する出雲にタケミカヅチとともに降り立ち、国譲りの交渉をさせています。

これまで、多くの研究家が、物部氏は石上神宮に祀られているとして、香取神宮に祀られていることと結びつけようとしませんでした。しかし、経津の神と布都の神という、漢字の違いに気を取られ、同じ「ふつ」という発音であることの重要性に関心を示さなかったのです。同じ剣の神であるにもかかわらず、です。

『日本書紀』の天孫降臨の条（一書の二）に、香取神宮の祭神について次のように述べられています。

《天神《あまつかみ》、経津主神《ふつぬし》・武甕雷神を遣して、葦原中国《あしはらなかつこく》に平定《しづ》めしむ。時に二柱《ふたはしら》の神曰さく、「天《あめ》に悪しき神有り、名を天津甕星《あまつみかほし》と曰ふ。亦の名は天香香背男《あまのかかせお》。請《こ》ふ。先《ま》づ此の神を誅《つみな》ひて、然して後に下りて葦原中国を撥《はら》はむ」とまうす。是《こ》の時に、斎主《いはひぬし》の神を斎《いはひ》の大人《うし》と号《まう》す。此の時、今東《あづま》の国の香取《かとり》の地に在《ま》す》

ここにもあるように、「天に悪しき神有り」とは、高天原＝日高見国に、天香香背男という敵がいるから、まずそれを討ってから葦原中国を平定しようといっています。そして斎主が「いはひぬし」として香取の地にいると述べているのです。

この「いはひぬし」とは、香取の場合は経津主の神であり、鹿島の場合は武甕雷神（タケミカヅチノカミ）であろうことは、「いはひぬし」という言葉が一つの神に対する一般的なものであることもわかります。

◉物部氏と香取神社の関係

『古事記』には、神武天皇のためにタケミカヅチの依代《よりしろ》として降下した剣について、次のように書かれています。

《この刀の名は、佐士布都神《さじふつのかみ》と云ふ。亦《また》の名は布都御魂と云ふ。此の刀は、石上神宮に坐す》（『古事記』中巻　神武天皇）

刀そのものを神と考えており、それがタケミカヅチの代わりに降下したというのです。そして布都神とは経津主であり、香取神宮の主祭神だということになります。

『日本書紀』では、イザナギがカグツチを斬った際、剣から滴る血が固まってできた岩群がフツヌシの祖であると述べていますし、またカグツチの血が岩群を染め、そこから二代目がフツヌシになったと伝えています。

いずれにせよ、「フツ」は刀剣の鋭い様を示している言葉と考えられますが、それがタケミカヅチから高倉下に下され、のちに物部氏の石上神宮に祀られた、とされているのです。何よりも、八世紀に建てられた春日大社の主祭神が、タケミカヅチとフツヌシであり、このとき、鹿島と香取の両神宮の神を祀っていることは、二柱の神の強い関係を示しています。

藤原不比等《ふひと》が石上氏を藤原京に残し、石上（物部）朝臣麻呂が藤原京の留守役にされてから、物部一族は日本の表舞台から消されてしまったとされています。この処置を断行したのは藤原不比等ですから、敵対関係になったといわれますが、元来、藤原氏は中臣氏であって、鹿島神宮の祭祀の役割を担っていた氏族であり、物部氏は中臣氏とともに香取神宮を取り仕切っていた氏族ですから、協力関係にあったのです。

平城京と藤原京を二氏族で分けて統治しようという意向の表れでしょう。よく、物部氏はこれで公職からいなくなったようにいわれますが、そんなことはないのです。

特に物部氏が地元の常陸国に赴任している例が多いのは、遠い先祖を慮《おもんばか》ってのことではないでしょうか。

『続日本紀』延暦《えんりゃく》九（七九〇）年十二月の条に、《常陸国信太《しだ》郡大領、外従五位以下物部志大連大成に、外従位上を授く》とあるように、物部系の信太連が大領になっています。つまり、香取郡は物部小事を祖とする二つの郡の間にあったことがわかります。

このように、香取神宮は物部氏が祭祀していた神社だったのです。

また、『続日本後紀』の承和《じょうわ》二（八三五）年三月の条に《下総国の人、陸奥鎮守将軍従五位下勲六等》とあり、物部氏が故郷の下総国の鎮守将軍に指名されており、地元とのつながりが強いことを示しています。

『旧事本紀』（巻第一、陰陽本紀）には、香取神宮の祭神について、系譜とともに経津主神が《今、下総国香取に坐す大神、是也》とあります。これによっても、香取神宮は最初から物部氏の神宮であったということができます。

いずれにせよ、香取神宮は、物部氏が祭祀していた神社だったのです。

香取郡の北西部に、かつて榎浦流海を隔てて信太郡があり、『常陸国風土記』によれば、白雉《はくち》四（六五三）年の信太郡の条に、《古老曰、難波長柄豊前大宮馭宇天皇（孝徳天皇）の世、癸丑の年に、小山上物部の河内、大乙上物部ノ会津等総領高向大夫に請ひて、筑波郡茨城の郡の七百戸を分かちて信太の郡を置く。此の地《くち》は、本の日高見国なり》とあります。ここに信太郡として河内と、会津の物部氏の一族七百人を住まわせ、そこを昔、日高見国と呼んでいたことを述べています。私は、常陸国そのものが日高見国の「ひだ」が、「ひたち」の語源ではないかと考えています。

こうして後代の資料をみても、香取神宮の地域一帯は物部氏の人々が居住していたことがわかります。物部氏は、祖の饒速日命（物部小事《おごと》はその十二世）よりもさらに古く、氏神の経津主神を始祖としていたということができるのです。

『先代旧事本紀』では、香取の神については、『日本書紀』のイワイヌシという言い方をせず、『古語拾遺』と同じ《経津主神、今下総国香取に坐す大神、是也》と書いています。ただ神の上に大をつけて大神としているわけです。物部氏は、香取の神はあくまで大神でなくてはならなかったのです。イワイヌシとはあくまで斎主であって、それは特定の神ではありません。そのことは、物部氏の祖である饒速日命の前にフツヌシがいたことを示しているのです。

◉多くの随神・随臣を伴って天降った饒速日命

『先代旧事本紀』の「人名（氏祖名）」資料のなかに、「ニギハヤヒと供奉衆」の記録があります。ということは、饒速日命（ニギハヤヒノミコト）以前に、高天原から降臨されていた饒速日軍の将軍たちであり、少なくとも大和地方を統治していた王朝のものたちということになります。

よく、この饒速日命が神武天皇以前の統一王朝であるといわれますが、東はすでに高天原、すなわち日高見国であり、この大和地方を中心とした西半分の勢力といっていいでしょう。たしかに、天照は降臨する饒速日命に、「天璽瑞宝十種《あまつしるしみずたからとくさ》」を授けています。天璽とは皇位の証《あかし》としての鏡、玉、比礼《ひれ》など十種の神宝のことです。つまり、西半分の王であったということになります。

饒速日命は多くの随神、随臣を伴って天降っています。『旧事本紀』には、彼らは三十二の将軍、五人の部の長、五人の造の長、二十五人の軍部の長、船長、舵取りなどすべての名前が記されています。

饒速日命一行は「天磐船《あまのいわふね》」に乗って天降ったとされますが、この船の記述は、天上から下へというイメージではなく、根拠地から大和へ船で移動し、支配したという実際の船のイメージです。

饒速日命は天磐船に乗って大虚空を飛翔して国を見定めたと書かれていますが、彼らは河内国《かわち》、河上の哮峰《いかるがのみね》に天降り、それから大和国鳥見の白庭山に遷都したとあるのは、現在の大阪、奈良という関西の中枢を支配しようとする意図があったと考えられます。

それは、日本の西半分を表しているのでしょう。経済学者の鬼頭宏氏の『人口から読む日本の歴史』（講談社学術文庫）によると、縄文時代の百平方メートルあたりの人口密度は、東北が七十人、関東が二百三十八人、東海が三十四人に対し、関西は七、中国は六、九州は十二と、圧倒的に関東が多かったのです。この頃に、饒速日命の大和への「天孫降臨」があったと思われます。

それが弥生時代になると、東北が五十六人、関東が二百三人、東海が三百八十五人に対し、関西が二百三十八人、中国が百八十四人、四国が百五十六人、九州が二百五十六人と、人口が西に移動しており、これがニニギノミコトの鹿島から鹿児島への進出（天孫降臨）と、西半分の統一の原因という推測も蓋然性《がいぜんせい》をもつのです。

◉日高見国の物部氏によって日本は支配された

「鹿島立ち」に対して「香取待ち」という言葉があります。これは「お田植え祭り」や収穫を待つ祭りとして現在も行われています。この言葉の起源が「鹿島立ち」と対応するということは、鹿島から発った船を、時を経て香取で待つ、という防人《さきもり》や海人《あまびと》たちの遠い遠征を想定したものかもしれません。

単に間近な鹿島—香取の往復の話ではないはずです。鹿島、香取を発着とする関東から全国への船による航行がそれだけ行われていたということでしょう。

香取神宮で、海に関係がない農業の祭りが多いのは、大和時代以降になって形成されたものだからでしょう。最大のものは、お田植え祭りで、耕田式田式植式と八人の稚児が早乙女を奉仕し、田舞などを奉る華やかな特殊神事として三日間にわたって行うものです。また、新穀の感謝の神事として十一月三十日夜の大饗祭《だいきょうさい》があり、数々の神饌とともに大和舞が篝火《かがりび》の中で行われています。それはまた、物部氏が「もののふ」の役割だけでなく、農業の仕事にも従事していたことを示しています。

香取は「楫取《かじとり》」ともいわれ、船の舵取りを意味しています。『万葉集』には、《大船の香取の海にいかり下ろし、いかなる人か物思はらざむ》（巻十一、二四三六）という歌があるほどです。また、《いずくにか船乗りしけむ高島の香取の浦ゆ漕ぎ出来る船》（巻七、一一七二）もあり、香取から出る船の姿を彷彿《ほうふつ》とさせます。ただ、「高島の香取の浦」とは、高島が近江の高島のことだということから、近江国の高島の香取だという説もありますが、いずれにせよ香取は舵取りという意味があり、船に関係しているのです。

香取神宮は、強く船に関係しており、海人らの献進によって支えられていたのでしょう。これらはより北方の陸奥国の磐城、行方《なめかた》郡（現在の福島県南相馬市など）、相馬郡、陸前の志田郡（現在の古川市、大崎市）など、かつての日高見国の地域に広がっているのです。

『日本三代実録』貞観《じょうがん》八（八六八）年の条に鹿島神宮司の上言として、鹿島神の裔神《えだがみ》が陸奥国に三十八社あると記しており、そのなかに行方郡、志田郡が含まれています。鹿島神宮の支配する地域が日高見国となるのです。

また、陸奥国の香取の神は、『延喜式』では牡鹿郡に香取伊豆乃御子神社、栗原郡の香取御子神社が記載されています。鹿島の神が、北上川の河口にある牡鹿郡の最北部として存在しており、香取の神は牡鹿郡よりさらに北の栗原郡にまで及んでいるのも、この鹿島、香取の日高見国の及ぶ範囲を確実にしているといっていいでしょう。

さらにいえば、のちにヤマトタケルが《蝦夷を平らげられ日高見国から帰り、常陸を経て甲斐国に至り》（『日本書紀』巻第七、景行天皇）とありますから、東北一帯を日高見国といっていたことがわかります。

日高見国の人々が、太陽神を中心とした信仰をもち、長野県諏訪《すわ》市の阿久《あきゅう》遺跡や、東北の大湯環状遺跡など、明らかに太陽信仰をあらわす遺跡や、三内丸山《さんないまるやま》のような大きな集落の存在は、中部、関東・東北の各地にそのような施設があったと思わせられます。

いずれにせよ、鹿島、香取の大神宮の存在は、そこを中心とした中臣氏、物部氏の支配体制が形成され、この祭祀国家を支えていたと考えられるのです。

◉物部氏に着目すると「神話」と「歴史」の結びつきがわかる

饒速日命（ニギハヤヒノミコト）とは、古墳時代前、つまり弥生時代に成立していた、関東・東北を中心とした日高見国、つまり「記紀」の中で「高天原」として神話化された時代から続く物部氏と深い関係を持ち、大国主命（オオクニヌシノミコト）が率いる出雲勢力から権威の移譲（国譲り）を受けた後、伊勢から大和に進出していた統治者であったと考えられます。神武天皇以前の、大和支配の統治者の家系だったのです。

『先代旧事本紀』には、八咫鏡《やたのかがみ》に《専《もっぱ》らわが御魂として祀れ》と命じたのはアマテラスではなく、高皇産霊尊（タカミムスビノミコト）でした。《高皇産霊尊、勅《の》りて曰く、もし葦原中国の敵《あだ》、神人を相《ふせ》ぎて待ち戦ふ者あらば、能く方便《たばかり》を為し、誘欺《こしらへ》を防拒《ふせ》ぎて、治《をさ》め平《む》けしめよ、とて、三十二人をして、並びに防衛《ふせぎまもり》となりし、天降り供《つか》へ奉らしむ》と語っています。

この三十二人の名が書かれていますが、そのなかには尾張の天香語山命、鹿島・香取神宮で祀られている中臣氏の天児屋命（アメノコヤネノミコト）などがおり、壱岐《いき》や鳥取を除くほとんどが大和以東の国々の神です。二十五人の軍部の長に物部氏がおり、その名前が書かれているのです。

高天原の司令神として、『古事記』や『日本書紀』の本文で、高皇産霊尊（タカミムスビノミコト）、天照大神の二神を挙げていますが、そのことについて、私はすでに歴史的に、最初に高皇産霊尊がおり、天照大神がなるまでその立場にあったと考えています。その時代は、大きく分ければ高天原＝日高見国の時代で、考古学的には縄文時代であり、狩猟・採取・漁撈時代と対応します。

日本は最初から、島国という地政学的な有利さを生かして、統一した国家観があったことが予想できます。つまり、太陽神を中心とした祭祀国家であったということです。日高見国が高皇産霊尊の統治時代であり、そのあと農耕が生業《なりわい》として加わることによって、天照大神統治時代がやってきました。外来からの移民が入り、素戔嗚尊（スサノオノミコト）に象徴される外来神との葛藤があり、その子孫である大国主命が山陰地方を中心に統治するようになりました。

しかし、関東を本拠とする高天原系が「国譲り」を迫り、そのとき鹿島、香取の神々が出雲を象徴とする関西に実行隊として進出し、「国譲り」を成功させたのです。そしてすでに物部氏の饒速日命が大和地方に「天孫降臨」し、統治していましたが、やがて九州、中国地方の人口が多くなるにつれ、再統治が必要となり、改めて瓊瓊杵尊が送られ、それが二度目の「天孫降臨」であり、鹿島から鹿児島へ船団が送られたのです。

そのときの中心勢力は、鹿島系の天児屋命に象徴される中臣（藤原）氏系と物部氏・諏訪に依拠していた建御名方命（タケミナカタノミコト）系の氏族でした。鹿児島県で、今なお諏訪神社系の神社が多いということがそれを裏付けています。

日本人が神道としてもつ御霊信仰は、多くの人口がいた日高見国＝縄文・弥生系の東国の豪族たちを「記紀」の神話で神々として扱ったのです。

神武天皇の東征で触れられている物部氏についてみるだけでも、日本ではこれほどまでに「神話」と「歴史」が結びついていることがわかるでしょう。

◉高天原＝日高見国からやってきた饒速日命

さて、神武天皇の東征の続きに戻りましょう。

天照大神（アマテラスオオミカミ）は、「豊葦原の千秋長五百秋長（チアキナガイホアキナガ）の瑞穂《みずほ》の国は、わが子、正哉吾勝勝速日天押穂耳尊（マサカ・アカツカツ・ハヤヒ・アマノオシホミミノミコト）の治めるべき国である」と命じられ、天から正哉吾勝勝速日天押穂耳尊を降します。

正哉吾勝勝速日天押穂耳尊は、高皇産霊尊（タカミムスビノミコト）の子・思兼神（オモイカネノカミ）の妹である万幡豊秋津師姫栲幡千千姫命（ヨロズハタ・トヨアキツシヒメ・タクハタチヂ・ヒメノミコト）を妃にし、二人のあいだには天照国照彦天火明櫛玉饒速日命（アマテルクニ・テルヒコ・アマノホノアカリ・クシタマ・ニギハヤヒノミコト）が生まれます。

このとき、正哉吾勝勝速日天押穂耳尊が天照大神に、「私がまさに天降ろうと思い、準備をしているあいだに生まれた子がいます。この子を天降すべきです」と言ったので、天照大神はそれを許します。そして天神の御祖神は、天孫の璽《しるし》である瑞宝十種を授けます。それは、瀛都《おきつ》鏡《かがみ》、辺都《へつ》鏡《かがみ》、八握《やつか》の剣、生玉《いくたま》、死反《まかるかへし》の玉、足玉《たるたま》、道《ち》反《かえし》の玉、蛇の比礼《ひれ》、蜂の比礼、品物《くさぐさのもの》の比礼の十種です。

鏡、剣、勾玉《まがたま》は三種の神器ですが、瓊瓊杵尊（ニニギノミコト）と共通のものです。それが天孫降臨の証拠になったのでした。つまり、ここでは瓊瓊杵尊目線の天孫降臨があったのです。

すでに述べたように、饒速日命（ニギハヤヒノミコト）は天孫降臨の命を受け、「虚《そ》空《ら》見《み》つ日本国《やまとのくに》」（大空から見て良い国だと選び定めた日本の国）に降りられます。

瓊瓊杵尊と異なり、この船団は日高見国から鹿児島に向かうのではなく、関東から河内に船団を組んで向かったという歴史的事実があったと考えられます。名前の「天照国照彦天火明櫛玉饒速日命（アマテルクニ・テルヒコ・アマノホノアカリ・クシタマ・

ニギハヤヒノミコト）」という名前も、それを示しています。

「天照国」とは、まさに天（あま）と海（あま）に太陽が照る国、関東の日高見国のことで、「照彦・天火明」とは父の天火明命（アメノホノアカリノミコト）のことであり、饒速日命の出身をよく示しています。

関東・東北にあった高天原＝日高見国が、多くの使節を送って、西国を支配しようとしていましたが、最後の段階で送った神武天皇が成功して西半分を支配したということになります。

◉神武天皇の前に大和国を統治していた天皇

『先代旧事本紀』によると、この饒速日命の天降りの時期は、その後に天照と高皇産霊（タカミムスヒ）が大国主命（オオクニヌシノミコト）に国を譲るように命ずる、「国譲りの神話」の前に書かれていることから、それ以前のことと考えられます。このことは、高天原系の出雲系平定以前に、高天原系＝日高見国系が少なくとも大和を平定していたことになるでしょう。

しかし『先代旧事本紀』巻三の記述では、饒速日命が長髄彦の妹の三炊屋媛を妻にしましたが、妃が懐妊されたとき、なぜかお亡くなりになったと理由なく述べています。その後の物語は大国主命に「国譲り」を迫るもので、「記紀」とは矛盾しますが、いずれにせよ瓊瓊杵尊が「天孫降臨」され、「神武東征」以前の物語と認識されていたのです。

饒速日命系は、かなりの前から大和国を支配していたことが推定されます。しかも、代わる天押穂耳命（アマノオシホミミノミコト）を天孫降臨させて、その継続を図っています。「記紀」と異なる記述であるものの、瓊瓊杵尊の家系が重要であることを述べているのです。

『先代旧事本紀』は、物部氏の一族から生まれた記録です。物部氏が香取神宮の経津主神（フツヌシノカミ）を祀る一族で、その家系が、鹿島神宮に祀られる建御雷神（タケミカヅチノカミ）の祭祀を司る中臣氏―藤原氏とともに、天皇を支える有力氏族になることは知られていることでしょう。

こうした判断から、歴史的には瓊瓊杵尊とは古墳時代以前、つまり弥生時代に成立していた、関東・東北を中心にした日高見国から派遣された大和の支配者であったことがわかります。つまり、関西支配の根拠地・大和の統治者であったと考えられるわけです。

ここで興味深いのは、八咫鏡《やたのかがみ》を《専《もっぱ》らわが御魂として祀れ》と命じたのは、天照ではなく、高皇産霊尊であることです。

《高皇産霊尊、勅《の》りて曰く、もし葦原中国の敵《あだ》、神人を相《ふせ》ぎて待ち戦ふ者あらば、能く方便《たばかり》を為し、誘欺《こしらへ》を防拒《ふせ》ぎて、治《をさ》め平《む》けしめよ、とて、三十二人をして、並びに防衛《ふせぎまもり》となりし、天降り供《つか》へ奉らしむ》

この記述は、高皇産霊尊が元来、日高見国の統治家系であり、のちの瓊瓊杵尊と同様に三十二人という多くの家臣を「天降り」させているということです。

このような記述から総合すると、饒速日命は瓊瓊杵尊の孫である磐余彦と、同等の天津神であったことがわかります。瓊瓊杵尊より前に天孫降臨をしている天火明命と同一の神だとすると、明らかに神武天皇と同等の天皇がすでに大和国を統治していたことになります。

　ではいったい、どのくらいの長さで統治されていたのでしょうか。

◉「欠史八代」の天皇は饒速日命以降の天皇ではないか

　第十六代までの天皇の長い年齢は、饒速日命から神武天皇までの年代をカバーしている、と見ることができます。神武天皇以前の天皇の名前が記録されていなかったために、天皇の在位の年代を長くして合わせたのだろうということです。

　もちろん、神話の年代はあくまでフィクションとして書かれ、その正確さに拘泥すると、不明な点が出てくるにちがいないでしょう。しかし、人々にほぼ同じ時代意識があったという想定もできるのです。

　第十五代応神天皇からは「倭の五王」として中国でも認知され、年代が明確になってくることを考え、在位年数を十四代まですべて加えると、およそ八百三十九年になります。すると、神武天皇が即位した年は、紀元後一七八年頃となるでしょう。

神武天皇の即位の紀元前六六〇年という年は、饒速日命の即位を意識して考えられたと思われます。「記紀」の編纂時において、できる限りの調査の結果がこの年であった、ということができるのではないでしょうか。決して中国の暦の研究によるものではないと思われます。実際の天津神系の天皇の系譜を意味しているのです。

そして「欠史八代」で述べられている天皇が、その初代饒速日命以降の天皇を想定したものではないでしょうか。十六代までの年月のなかに、その歴代の天皇の時代を込めたのだと思われます。この隠された饒速日命の王朝こそ、高天原が支えた大和王朝だったのです。文字のない時代の、記憶から消えた王朝があったのです。

ただ、この王朝は瓊瓊杵尊同様、天孫降臨をされたとはいえ、その饒速日命の名前は、奈良時代の天皇の淡海三海が天皇（すめらみこと）の漢風諡号《かんふうしごう》（生前の行跡にもとづいて死後に贈られた名）は『先代旧事本紀』から漏れてしまいました。「記紀」でも、決して正当な天皇として諡号で扱っていません。このことからも、潜在化せざるをえない王朝ではなかったのではないかと考えられます。

饒速日命は、七、八世紀に天皇と認められなかったものの、天孫降臨をした天津神として、天皇と同等の扱いをする必要があったのでしょう。その時代を潜在化させ、神武天皇から十六代仁徳天皇までの天皇の年齢を長くし（おそらく二倍にし）、饒速日命系の時代を神武天皇以後の時代のなかに組み込んだと思われます。神武天皇の前期として、神武天皇の統治とした、ということです。

そして崇神天皇のご事蹟のなかに、その一部を繰り込んだと見るべきではないでしょうか。饒速日命も神武天皇も、天孫降臨をした高天原の系統で、同一と見たのです。時代はちょうど、瓊瓊杵尊が天孫降臨をした頃と思われます。

瓊瓊杵尊が南九州で、饒速日命は大和で高天原（日高見国）の命を受けて統治したと考えられます。というのも、瓊瓊杵尊と饒速日命は兄弟だと考えられるからです。

たしかに、瓊瓊杵尊と磐余彦（神武天皇）の間はわずかに三代ですが、その間に百七十九万七十余年が経ったと書かれていますから（『日本書紀』）、その間にふさわしい長さでなければなりません。

◉神武天皇が即位したのは一八〇年頃？

興味深いのは、考古学的にいえば、奈良県には縄文遺跡が少なくとも四百四十三あり、特に橿原《かしはら》神宮近くの縄文遺跡は晩期のものが多いことです。橿原考古学研究所の松田真一氏は、『奈良県の縄文遺跡』（青垣出版）で、

《一九三八年以来……縄文時代晩期に属する厖大な遺物が出土し、以来近畿地方晩期の標識遺跡としてばかりでなく、西日本の縄文文化の代表する遺跡として広く知られている》

と述べています。

これが饒速日命時代の遺跡と考えられます。なぜ磐余彦が神武天皇となって橿原宮を都にしたのか、こうした考古学的な裏付けで理解することができるでしょう。それは饒速日命の記憶と重なったからだと思われます。

すでに述べたとおり、第十六代の仁徳天皇までの非現実的な長い年齢によって、隠

された饒速日命系の大和統治の時代を潜在化させることができました。その後、神武天皇が新たに橿原宮で即位されることになったと想定し、それはだいたい西暦一八〇年頃だと推測されるのです。

『日本書紀』における年代の確かさは、応神天皇の時代からですが、より正確には、雄略天皇の二十三（四七九）年とされています。

この年が西暦と一致するのは、《百済の文斤王《もんこんおう》が亡くなったので、天皇は兵器と兵士を与え、昆支王《こんきおう》と二番目の子を東城王《とうじょうおう》とした》という記述で、これが「百済本記」とも一致するので確かめられます（高橋義雄『応神天皇の征服』新潮社）。

その時代以降の天皇の年代は、ほぼ実態と信じられますから、それ以後の天皇の年代を平均値にしてそれ以前を考えると、ちょうど一八〇年頃が、神武天皇が即位した年ではないかと推測できるのです。

場所は北方に位置していますが、東大寺山古墳から出土した環頭大刀《かんとうたち》に記された銘文には、中平《ちゅうへい》年間（一八四〜一八九年）に、金象嵌《きんぞうがん》（金で縁取られた）の環頭大刀がつくられたと記されています。この古墳からは、鉄刀二十、鉄剣九、槍十、多量の腕輪や玉類など、膨大な副葬品の遺物が出土しています。単なる地方豪族のものとしては、異例といえるでしょう。

◉饒速日命系の天皇と同一視されていた神武天皇

『金象嵌銘花形飾環頭大刀』（東京国立博物館編・同成社）によれば、東大寺山古墳の被葬者は、軍事的、政治的に、奈良盆地の有力首長であったといいます。この大刀は、倭宿禰《やまとすくね》、すなわち神武天皇が後漢から息津鏡《おきつかがみ》、辺津鏡《へつかがみ》とこの大刀を遣使の返礼として受け取ったものだそうです。中国でのその記録は、後漢末期の混乱により失われたと考えられています。

だとすれば、この一八四年から一八九年という年代はたいへん意味をもってくるように思えます。

もしこの古墳から出土した一八四～一八九年と銘記した大刀が、神武天皇と関係があるとすれば、一八〇年頃という天皇即位の推定年代が、必ずしも無関係ではないと考えられるからです。この大刀の銘文は、まだ誰も解明していません。

まだ「神武天皇＝ニギハヤヒノミコトから発した古墳文化」（橿原市役所『橿原市史』）で、次のように書かれています。しかしここでは、神武天皇という御名を、饒速日命に変えて読んでみたいと思います。同一人物と思われるからです。

《このようにして神武天皇＝ニギハヤヒノミコトは橿原宮で即位するのである。橿原の地は畝傍《うねび》山麓にあり、神武天皇は「山林を披《ひ》き払い、宮室を経営《おさめつく》りて」この地を日本の中心にするのである。ここはもともと大和盆地の祭祀の場所であり、樫の木の生い茂る聖なる土地であった。縄文晩期から弥生時代にかけての複合遺跡が発掘され、夥《おびただ》しい土偶の破片が発見されている》

辛酉の正月一日が即位日とされ、それが明治に入って太陽暦に換算され、紀元節として定められた二月十一日が現在の建国記念日となっています。この辛酉年は、西暦一八一年であることが想定されます。

饒速日命が崩御されたのち、人々によって最初の天皇陵が、饒速日命の皇孫が統治されていた橿原に造営されました。神武天皇は、隠された饒速日命系の歴代天皇と同一と見なされたからだと思われます。ただ、その墓は前方後円墳ではなく、畝傍の山の中程にある小さいものでした。しかし、その形は前方後円墳の原型をしていると私は考えています。

そして、饒速日命が実在の天皇として崩御されたのち、この饒速日命を継ぐ歴代の統治者が、葬られている橿原宮の地に墓陵を建立したと推測できます。

その墓陵の場所は、『古事記』では《畝火山之北方、白檮尾上《かしのおのうえ》》、『日本書紀』と『延喜式』の「諸陵寮《しょりょうりょう》」には《畝傍山東北陵》と書かれています。これについて、一つは畝傍山、山中の「丸山」、一つは山本村の「神武田《じぶた》」、そして四条村の「塚山」とする説がありますが、いずれにせよ明確ではありません。それは、この地が饒速日命の地であることだけが記憶されていたからだと考えられます。

この論考によって、神武天皇は、饒速日命のことであり、初代であるがゆえに、神武天皇（神日本磐余彦）の名を付したと考えられます。それは、神武天皇が饒速日命の孫であり、同時に饒速日命の甥でもあるからです。先述したように、歴史では代々の家系を継ぐものは同一名で呼ぶことはよくあることなのです。

しかし饒速日命が神武天皇であるとはいえ、あくまで名前を変えたにすぎません。大和に達した神武天皇が東征されたことは、まさに神武天皇＝崇神天皇ということになります。

第十代崇神天皇は、『古事記』では《初国《はつくに》知らしし御真木《みまき》天皇》と書かれ、『日本書紀』には《御肇国天皇《はつくにしらす》》と記されています。この記述は明らかに、初代の天皇とされていたことを示しています。つまり、現実の神武天皇の統治は、同一人物の第十代崇神天皇から始まることになるのです。時空を超えて、饒速日命＝神武天皇という同一性が感じられます。皇統が同一だからです。

このことについて、神武天皇の即位に注目して、一つの説を紹介します。今から二千六百年以上も前に即位したという『日本書紀』の話は明らかなつくり話だ、という説です。弥生時代（あるいは縄文時代）に国の中心が大和に存在したはずがない、というのです。

一方、考古学の進展によって、大和建国の詳細がわかりはじめてくると、神武天皇の謎はむしろ深まっていきます。三輪山《みわやま》（奈良県桜井市）山麓の扇状地に、三世紀から四世紀にかけて、政治と宗教を司る都市・纒向《まきむく》遺跡が出現し、ここに大和が建国されたことがわかってきました。

そうなると、「神武天皇は橿原に宮を建てた」という『日本書紀』の言説と矛盾が生じてきます。実在の初代王は第十代崇神天皇で、神武天皇と崇神天皇は同一人物とすると、神武天皇は崇神天皇と同じように、盆地の東南部、纒向遺跡の近くになぜ宮を建てなかったのか、という疑問が湧いてくるのです。

●『古事記』に書かれている崇神天皇

崇神天皇の前半生が神武天皇である、という仮説に整合性が欠けるのではないかということも承知しています。「記紀」の作者たちと天皇の諱《いみな》をつけた人は、どうしても饒速日命を神武天皇としたかったのです。しかしほとんど記憶に残されていなかったことを顧慮したうえで考えたのでしょう。神武にはお后《きさき》が二人おられ、若い頃に日向《ひゅうが》でご結婚されたのが吾平津媛（アヒラツヒメ）であり、日南《にちなん》の吾平津神社（乙姫神社）に祀られています。航海術に長けた吾田隼人《あたはやと》の姫です。

もうお一人は、八咫烏《やたがらす》に導かれて東征を成功させ、畝傍山の橿原の地で始馭天下之天皇（ハツクニシラススメラミコト）として即位されたとき、三輪の大物主の娘の媛蹈鞴五十鈴媛（ヒメタタライスズヒメ）とご結婚されています。お二人は、笹百合の咲く狭井《さい》河のほとりで出会った、と伝えられています。しかし、橿原の地はあくまで第一神武天皇、すなわち饒速日命の土地で、その記憶（言い伝え）からつくられたと考えられます。

崇神天皇のほうは、木国造《きのくにのみやつこ》である荒河刀弁（アラカハトベ）の娘の遠津年魚目目微比売（トオツアユメマクハシヒメ）を娶《めと》って産んだ子供が豊木入日子命（トヨキイリヒコノミコト）、豊鉏入日売命（トヨスキイリヒメノミコト）であり、尾張連《おわりむらじ》の祖先の意富阿麻比売（オオアマヒメ）を娶って産んだ子供が大入杵命（オオイリキノミコト）、八坂之入日子命（ヤサカノイリヒコノミコト）、沼名木之入日売命（ヌナキノイリヒメノミコト）、十市之入日売命（トオチノイリヒメノミコト）と『古事記』に書かれています。

時代が異なる相手のように見えますが、前半は日向と、三輪山の大物主の娘であり、現在残る三輪山の麓の纏向遺跡のある周辺にお住みになったことが示唆されています。神武天皇がお住みになった橿原神宮の辺りは、饒速日命の土地のほうを暗示するものではないかと考えられます。すでに述べたように、この周辺には縄文遺跡が多くあります。

崇神天皇の妃となった紀伊の国の荒河戸畔（アラカハトべ）の娘の遠津年魚眼妙媛（トオツアユメマグワシヒメ）の皇子、豊木入日子命（トヨキイリヒコノミコト）は、『日本書紀』では豊城入彦命（トヨキイリヒコノミコト）、別名・豊城命（トヨキノミコト）として東国に行き、上毛野君（カミツケノノキミ）・下毛野君（シモツケノノキミ）の始祖となっています。また、皇女の豊鉏入日売命（トヨスキイリヒメノミコト）は伊勢の大神の宮を祀ったと『古事記』に記されています。

いずれも「入日子」の名が引き継がれていることは、彼らが天照系であることを示しています。それは東国、すなわち高天原＝日高見国系の人々です。

◉崇神天皇は日高見国からやってきた皇統の子孫

これまでは、歴史学者の津田左右吉《つだそうきち》らのいうように、「神武天皇の記述は神話の一部にすぎず、歴史的には意味のないものだ」というのが定説でした。それは神武天皇の墓があると書かれた畝傍山の東北陵から何ら考古学的な裏付けになる墓量がない、という理由からでした。

また神日本磐余彦天皇（カムヤマトイワレヒコノスメラミコト）が登場する『日本書紀』（和風諡号）も後世につくられたもので、歴史学者の水野祐《ゆう》氏によると、孝霊、孝元、開化の三天皇は、持統天皇の諡号（死後の贈り名）に見られる「オオヤマトネコ」系の諡号をそのまま採用しており、持統天皇、文武、元明、元正のそれとまったく同一であるからだとしています。

私の考え方は逆で、持統天皇（六四五～七〇三）の和風諡号は二つあり、『続日本紀』の七〇三（大宝三）年十二月十七日の火葬の際の「大倭根子天之廣野日女尊」（オホヤマトネコアメノヒロノヒメノミコト）と、『日本書紀』の七二〇年（養老四年）に代々の天皇とともに諡された「高天原廣野姫天皇」（タカマノハラヒロノヒメノスメラミコト）があり、いずれも東国の高天原系の天皇であることをよく示しています。『続日本紀』の「根子」「日女」などは第一神武天皇＝ニギハヤ系王朝の八代の天皇の名と共通しています。特に『日本書紀』において「高天原」の名が記述されていることは重要なことで、第十代以前の「欠史八代」といわれる天皇のいずれにも、『日本書紀』では「日本根子《やまとねこ》」、『古事記』では「入日子《いりひこ》」と、和名の中の言葉として書かれ、それが日本の根＝入日子＝日高見国（高天原）と判断され、その後の命名と違いを見せています。

つまり、持統天皇を含めて奈良のヤマト（倭国・大和国）以前の天皇が日高見国（高天原）の天照系の皇孫である、と考えていいでしょう。

ヒコは「日子」、ヒメは「日女」で太陽神の使者とか太陽神の子という意味であり、天照が統治する高天原の神であると推察されます。これは歴史的には、日高見国のことと考えられます。

このことは重要で、第十代崇神天皇もまた御真木入日子印恵命（ミマキイリヒコイニエノミコト）と書かれ、やはり日高見国からやってきた皇統の子孫であることが理解されるからです。それでは漢語名に注目して、その真意を探っていきましょう。

尾張地方は日高見国のなかにあり、『古事記』において次のように語られています。

崇神天皇の時代に疫病が流行し、民は全滅しそうになりました。天皇は悲しみ、神の意思をうかがうため神床《かむとこ》で眠ります。するとその夜、大物主大神（オオモノヌシノオホカミ）が夢に出てきてこう言います。「疫病は私（＝オオモノヌシ）の意思である。意富多々泥古（オホタタネコ）という人物に私を祭らせれば祟りは収まり、国は平安になるであろう」。

そこで天皇は使いを放って意富多々泥古（オホタタネコ）を探したところ、河内の美努村で見つけ、朝廷に差し出しました。崇神天皇が意富多々泥古に「お前は誰の子だ？」と尋ねると、意富多々泥古（オホタタネコ）は「私は、大物主大神（オオモノヌシノオホカミ）が、陶津耳命（スエツミミノミコト）の娘である活玉依毘売（イクタマヨリビメ）を娶って産んだ櫛御方命（クシミカタノミコト）の子・飯肩巣見命（イヒカタスミノミコト）の子・建甕槌命（タケミカヅチノミコト）の子の意富多々泥古（オホタタネコ）です」と答えます。

これまでの研究家は、この建甕槌命を、意味のない挿入だと判断してきました。しかしこの名は、簡単に片付けられないほど重要な鹿島神宮の神であり、ここでも高天原系の武神であることを示唆しています。その子であるから、そうした力のある神でもあったのです。

いずれにせよ、意富多々泥古（オホタタネコ）の答えを聞いた崇神天皇は「これで天下はしずまり、国民は栄えるだろう」と喜びます。そしてすぐに意富多々泥古命（オホタタネコノミコト）を神主とし、三輪山にオオミワ大神を奉りました。さらに伊迦賀色許男命（イカガシコオノミコト）に命令して皿をつくり、天津神・国津神の神社に納めることにしました。

崇神天皇はさらに、宇陀の墨坂神（スミサカノカミ）に赤い盾と矛を、また大坂神（オオサカノカミ）に黒い盾と矛を納めました。坂の神や河の瀬の神にいたるまで、すべての神にお供えをして祀ったところ、すっかり疫病はなくなり、国は平和になったのです。

建甕槌命の子である意富多々泥古（オホタタネコ）という人が神の子孫であるとわかった理由として、次のような話があります。

活玉依毘売（イクタマヨリビメ）はとても美しい少女でしたが、夜になると彼女の元に見知らぬ立派な男性がやってくるようになります。二人はやがて愛し合い、少女は妊娠します。彼女の両親は娘の妊娠を疑問に思い、「夫もいないのにどうして妊娠したのか？」と問い詰めると、少女は「名前も知らない立派な男性が毎晩やって来て、一緒にいるうちに妊娠しました」と答えます。

すると両親は娘にこう言います。「赤土を床にまいて、糸巻きに巻いた長い麻糸を針に通して、男の着物のスソに刺しなさい」。娘が言うとおりにした翌朝、麻糸は戸の鍵穴を通って外に出ていました。糸巻きに残っていた麻糸はたったの三巻き（＝三輪）だけです。男が鍵穴から出て行ったことがわかったため糸をたどっていくと、三輪山の神社にたどり着きます。そのため娘と両親は、男が神の子（＝オオモノヌシ）だということを知ります。麻糸が三巻（＝三輪）残っていたことから、その土地を「美和」と呼ぶようになったのです。意富多々泥古命（オホタタネコノミコト）は神君（ミワノキミ）・鴨君（カモノキミ）の祖先です。

建甕槌命の子である意富多々泥古（オホタタネコ）がオオモノヌシである、ということは、まさに関東の神と大和の神が結びついていることを暗示しています。つまり高天原＝日高見国の神が大和の神＝オオモノヌシそのものであったことになります。

この建甕槌命の名が錯誤であった、と解釈する人もいるでしょうが、しかし東西の神々が結びついているという私の論拠は、ここにも示されているのです。

◉太陽の国＝高天原系の出身である「日子」＝「彦」

さらに続けます。

崇神天皇のとき、大毘古命（オオビコノミコト）を高志国《こしのくに》（＝越国）に、また、大毘古命の子・建沼河別命（タケヌナカハワケノミコト）を東の国の十二の国に派遣し、その国の人たちを服従させました。さらに日子坐王（ヒコイマスノミコ）を丹波国に派遺し、服従しなかった玖賀耳之御笠（クガミミノミカサ）という者を殺しました。

この、大毘古命が越国に行ったときのことですが、腰に布を巻いた少女が山代の平《ひら》坂《さか》（幣羅坂）に立って歌を歌っていました。「御真木入日子（ミマキイリビコ＝崇神天皇）よ　御真木入日子よ　自分の命を狙っている人が　入れ違い　行きかい　様子をうかがっているというのに　何も知らない　御真木入日子よ」という歌です。

歌の内容に疑問をもった大毘古命は、馬を引き返して少女に「今の歌はどういう意味だ？」と尋ねます。すると少女は、「ただ歌を歌っただけです」と答えると消えてしまいました。

大毘古命は引き返して崇神天皇に娘と歌のことを伝えると、天皇は「これは山代国にいる、大毘古命の義兄・建波邇安王（タケハニヤスノミコ）が野心を抱いた兆候だろう。伯父上（＝大毘古命）は軍隊を率いて出発してください」と、即断されます。そして丸邇臣（ワニノオミ）の祖先・日子国夫玖命（ヒコクニブクノミコト）を副官にし、すぐに大毘古命は山代国へ向かいます。出発前、日子国夫玖命は丸邇坂《わにさか》に忌瓮《いわいへ》（＝神聖な酒瓶）を奉納しました。

大毘古命の軍勢が山代の和訶羅河《わがらがわ》にやってくると、建波邇安王（タケハニヤスノミコ）が軍勢を従えて待ち構えており、行く手を阻みます。大毘古命と建波邇安王は河を挟んで対峙し、戦争が始まります。そのため、この土地は「伊杼美《いどみ》（挑み）」と名づけられ、現在は今豆美といいます。

副官である日子国夫玖命は建波邇安王に、「まずそちらから忌矢《いみや》（神聖な矢）を撃ちなさい」と言います。それで建波邇安王が先に弓を射ますが、当たりません。次に日子国夫玖命が矢を射ると建波邇安王に命中し、死んでしまいました。

この大彦（大毘古）も、大「日子」であり、このクニブクノミコトも、日子国夫玖命という漢字名です。すでに述べたように、「日子」で太陽神の使者とか太陽神の子という意味であり、太陽神アマテラスが統治する高天原の神であることがわかります。これは何度もいうように、日高見国のことです。

そして、第十代崇神天皇ご自身もまた、御真木入日子印恵命（ミマキイリヒコイニエノミコト）と書かれ、「日子」なのです。つまり、肝心の建波邇安王（タケハニヤスノミコ）を射ったのも同じ日高見国系の関東の武士であったことがわかります。「日子」の崇神天皇を救ったのが、結局は、「日子」だったのです。

ちなみに『日本書紀』では、次のように書かれています。

崇神天皇は埴安彦（ハニヤスヒコ）を討つため、大彦（オオヒコ）と和珥臣の祖先・彦国葺（ヒコクニフク）を山背《やましろ》に派遣しました。埴安彦が彦国葺の軍隊を見て、「どうして兵を率いて来たのか？」と問います。彦国葺は答えます。「お前は天に逆らい道に背いて王室（ミカド）をないがしろにしている。だから天皇の命により、義兵（コトワリノイクサ＝義勇兵）を挙げてお前を討ちに来た」。

やがて両軍は先手をとろうと弓を射始めます。まず埴安彦が彦国葺を射ましたが、当たりません。次に彦国葺が射ると矢は埴安彦の胸に当たり、死んでしまいます。

『古事記』より散文的に書かれており、「日子」が「彦」に漢字が変わり、名前の最初についています。「記」より、「紀」のほうが、太陽の国＝高天原系の出身であることを意識させる装置がなくなっていることがわかります。

◉天皇として東の国を征服していた崇神天皇

では引き続き『古事記』を見ていきましょう。

建波邇安王（タケハニヤスノミコ）の死によって軍は総崩れとなり、兵は散り散りになって逃げました。敗走する建波邇安王の兵たちは、追い詰められて久須婆《くすば》の渡し場まで来たときに恐ろしさのあまりに大便を漏らし、褌《はかま》を汚してしまいます。その土地が「屎褌《くそばかま》」といわれるようになったのはこのためです。現在の久須婆です。

また、切られた兵たちの死体は鵜のように河に浮かんだため、その河を「鵜河《うが》」と呼ぶようになりました。さらには、塹死《ざんし》した兵を屠《ほふ》った（葬った）土地を波布理曽能《ほふりその》と呼ぶようになりました。こうして大毘古命は戦に勝ち、山代国を平定して都に報告したのです。

また、大毘古命は崇神天皇の命令どおり、高志国《こしのくに》（＝越国）へ向かい、東へ派遣された息子の建沼河別（タケヌナカハワケ）と合流し、二人で相津へ向かいました。この、二人が会った土地を「アイヅ」と呼ぶようになったのです。

この辺りの文章はなかなか生彩があり、また土地名の由来までよく書かれています。東北地方の現在の会津が、大毘古命父子が出会った場所だというのも、日本の神話が、いかに現代まで結びついているかを証拠づけるものです。

『古事記』は歴史物語として表現しようとする能力が、稗田阿礼《ひえだのあれ》と太安万侶《おおのやすまろ》に備わっていたというべきでしょう。人類学者のレヴィ＝ストロースが、『古事記』が文学的で『日本書紀』が散文的だ、と評する所以《ゆえん》です。

大毘古命を高志国（越国）に、大毘古命の子供・建沼河別命（タケヌナカハワケノミコト）を東の国の十二の国に派遣して、その国々の人たちを服従させましたが、越国《こしのくに》は、現在の福井県敦賀《つるが》市から山形県庄内地方の一部に相当する地域の、大化の改新以前の時代における呼称です。

当時は高志国と書かれ、越国は八世紀以降の表記です。東の国の十二の国とは、共に、日高見国を構成した地方であり、崇神天皇が大和国の天皇として、すでに征服していたということになります。こうした記述の仕方は、大和が日高見国を征服して、

「大倭日高見国《おおやまと》」と『延喜式祝詞《えんぎしきのりと》』（延長五年／九二七年）でいわれる由縁をつくりました。

こうして各地域の平定を終え、天下太平となり、人民は富み栄えます。そこで崇神天皇は、男が弓矢で得た獲物や女がつくった織物などの物品を納めさせます。そしてこの世を称え、「初国知らしし御真木天皇（ハックニシラシシミマキノスメラミコト）」と言いました。この崇神天皇の時代には、灌漑のための溜池・依網池《よさみのいけ》と酒折池《さかおりのいけ》もつくられました。

崇神天皇は百六十八歳で亡くなり、墓は山辺道の東の丘にありますが、このことについては後述します。

◉天下を統一した崇神天皇

結局、崇神天皇は各地域を平定し、天下は太平となったと書かれています。男が弓矢で得た獲物や、女がつくった織物などの物品を納めさせたとは、まさに税を納めさせたということでしょう。

また、『日本書紀』を参照すると、即位十二年、戸口を調査して初めて課役を科し、この偉業をもって御肇国天皇《はつくにしらすすめらみこと》と称《たた》えられました。『古事記』には天下を統一して平和で人民が豊かで幸せに暮らすことができるようになり、その御世を称えて初めて国を治めた御真木天皇「所知初国之御真木天皇」と呼んだとされています。

さらに、即位十七年、献上品を運び込むための船をつくらせました。即位四十八年、豊城命（トヨキノミコト）と活目尊（イクメノミコト）を呼んで夢占いを行い、弟の活目尊を皇太子とし、兄の豊城命には東国を治めさせます。このことも、日本が常に西国と東国に区別して統治していたことを示唆しています。

そしてその六十二年、灌漑事業を行って依網池《よさみのいけ》（大阪市住吉区）や軽《かる》（奈良県高市郡）の酒折池《さかおり》などを開き、おおいに農業を栄えさせた、と書かれています。

その後、六十五年、任那《みまな》（朝鮮半島南部）が使者として蘇那曷叱知《そなかしち》を遣わしてきました。スサノオ（素戔嗚尊）が新羅に天降ったという異伝を除けば、『日本書紀』においての初めての朝鮮半島関連の記録だとされています。

こうして崇神天皇は、即位六十八年、崩御されます。

第二章　神武天皇の東征はいつだったのか

◉四十五歳以降の東征のことしか書かれていない

神武天皇といえば、神話と歴史の両方にまたがった存在として考えられ、現実の存在としてあまり論じられてきませんでした。ここで改めてその観点から、『古事記』より具体性が強い書き方をしている『日本書紀』を読んでみましょう。

日本最古の英雄の話なのですが、不思議なことに四十五歳になってからの東征が中心です。その後の「欠史八代」と同じように、その物語以外は存在感が薄い書き方がされています。この建国の英雄の少年期の記述といえば、「天皇は生まれながらにして賢く、気性がしっかりしており、十五歳で皇太子となられた」のみで、どんな方だったかわからないのです。

『日本書紀』に記されているのは、四十五歳になったときに兄弟や子供に語ったという、次のような内容の言葉です。「昔、高皇産霊尊（タカミムスヒノミコト）と天照大神（アマテラスオオミカミ）が、この豊葦原瑞穂国《とよあしはらみずほのくに》を祖先の瓊瓊杵尊（ニニギノミコト）

に授けられた。瓊瓊杵尊は天の戸を押し開き、路をおし分けて先払いを走らせお出でになった。このとき世は太古の時代で明るさも不十分で、その暗い中にありながら正しい道を開き、この西のほとりを治められた。代々父祖の神々は善政を敷き、恩沢がゆき渡った。天孫が降臨されてから、百七十九万二千四百七十余年になる」。

興味深いのは、この最後の年代です。瓊瓊杵尊（ニニギノミコト）が、この「西のほとり」、つまり九州を治められたといっており、イワレビコまでに百八十万年近くもすぎたということです。

神武天皇が百二十七歳まで生きられたことが不在説の理由の一つとなっていますが、まさにこのとんでもなく長い年代は、年代というものにこだわりがないということです。この地上の国、豊葦原瑞穂国の年代が不条理に長いことは、見当がつかぬ年月が経ったことを示す、と考える以外にありません。

ここには年代への韜晦《とうかい》の思想があると考えるべきでしょう。というのも、あとで述べますが、これはニギハヤヒノミコトがやはり天磐船に乗って天孫降臨し、「欠史八代」を経て、崇神天皇に至るのと対応すると考えるからです。

高天原ではニギハヤヒとニニギは兄弟であるか同一神だと思われ、同時期に天孫降臨をしていたと考えられます。それだけ、二代目の海幸彦、山幸彦の世代が長いということでもあります。つまり海神の竜宮城へ出かけ、この世では考えられないほどの年月が経ったという「龍宮伝説」を説明していると考えることができるかもしれません。

三代目のイワレビコのときのこと。地上の国は治まりつつありました。

しかし遠い所にある国では、まだ王の恵みが及ばず、村々にはそれぞれの長がいて、国境を設けて相争っています。塩土老翁（シオツチノオジ）に聞いてみると、「東の方によい土地があって、青い山が取り巻いているという。その中へ天磐船《あまのいわふね》に乗って、とび降りてきた者がいる」というのです。

「その土地は、大業をひろめ、天下を治めるにはよい土地だろう。きっとこの国の中心地に違いない。そのとび降りてきた者は、饒速日（ニギハヤヒ）という者だろう。そこに行って都をつくるにかぎる」と。諸皇子たちも、「その通りです。私たちもそう思うところです。早く実行しましょう」と言われました。この年は太歳《たいさい》の甲寅《きのえとら》でした。

青い山に取り囲まれている大和にいるのは、天磐船に乗って飛び降ってきたニギハヤヒであろう、とはっきり書いてあります。つまり、神武天皇が出発するときに、すでに大和には天孫降臨をされた別の天皇がおられることを知らされていたのです。

◉地名の実在性について

ここで、改めて神武天皇が紀元前六六〇年前の存在か、それとも古墳時代の最初の天皇であるかを考えてみましょう。紀元二六七九年という令和元年の皇暦、すなわち日本が縄文時代か弥生時代に生きられたイワレビコの記述は、正しいものであったか、ということです。

そこで地名に注目してみましょう。地名を見ると、神武天皇は実在し、西暦一八〇年前後の東征を語っているものという考えを裏付ける説となるのです。

東征の際、さまざまな地名が出てきますが、神武天皇の実在性は、この地名によって裏付けられるのです。

たとえば、日向《ひゅうが》からの大和への道程の土地です。宇佐、筑紫、安芸国、浪花国、難波など、すべて架空のものはなく、現在も存在する地名です。これは、神武東征が実際に行われたかを裏付けるものといえるでしょう。

この地名から考えると、紀元一年、すなわち二千六百八十年前に漢字で固定される口承の名前があったかどうかが問題になります。無論、その名がつけられる場所が存在したにちがいないのですが、しかし土地の名があったかは実証されるべくもありません。

その当時、文字がなかったことを考えると、遺跡があったかどうかで判断することになりますが、それに「国」名を付して考えるのは無理なことでしょう。やはり、紀元前六六〇年頃に記載されていたことが起こったかどうか明確にはなりません。崇神《すじん》天皇の大和政権にならないと、各地の「国」という概念が生まれないからです。

つまり二世紀の後半の、第二大和政権下の、各地に「四道《しどう》将軍」を送った時代に想定できます。それが七世紀末、「記紀」の世界で確認されることであったのです。

◉「背中に太陽を負う」の意味とは

生駒山《いこまやま》で長髄彦（ナガスネヒコ）の軍勢と戦って、敗れたあとの天皇の言葉は次のようなものです。

「日神（ヒノカミ）の子孫である私が、日に向かって敵を討とうとするのは天道に逆らっている。一度撤退して相手を油断させ、天神地祇《てんじんちぎ》を祀り、背中に太陽を負って、日神の威光を借りて攻めようと思う。そうすれば刃に血を付けずに敵を破ることができるだろう」

流れ矢に当たって兄の五瀬命（イツセノミコト）が重傷を負ったと書かれています。あとで死ぬことになるので、死亡したと書かれるところを、時間的な幅をもたせているようです。この記述の仕方も、リアルなところがあります。

しかしここで注目されるのは、最後の節です。

彼らは、日神（ヒノカミ）、つまり天照《あまてらす》の子孫であり、日に向かって討とうとするのは、天道に逆らっている、というくだりは、「そう言えばそうだね」という程度で受け入れられるでしょう。

しかし、「背中に太陽を負って、日神の威光を借りて」と述べているのは、高天原の神々＝高天原の氏族たち＝神別の氏族（『新撰姓氏録』）の加勢を借りて討つという意味のはずです。たしかにそれ以後、高天原から多くの加勢を受けています。「背中に太陽を負って」という意味は、高天原は現実的には東の日高見国の勢力の助力を受けて、ととるべきでしょう。

◉高倉下とは何者か

その後、長髄彦は、さらに戦いを挑んできます。

磐余彦は自軍に「いったん止まれ。ここから進むな」と命じ、軍兵を率いて帰ります。敵もあえて後を追いません。草香津《くさかのつ》に引き返した磐余彦は盾を立てて雄叫びをし、士気を鼓舞します。その津を盾津《たてつ》と呼ぶようになったのはこのためです。現在、蓼津《たでつ》と呼ばれているのは、盾津が訛《なま》ったものです。

　一方、『古事記』では次のように書かれています。

那賀須泥毘古（ナガスネヒコ）が戦いを挑んできたため、神倭伊波礼毘古命（カムヤマトイワレビノミコト）と五瀬命（イッセノミコト）は「盾」を取り出し、船から下りて戦いました。そのためその土地を盾津《たてつ》といいます。現在の日下の蓼津《たでつ》です。

『古事記』では五瀬命は射たれておらず、イワレビコと共に戦っています。船から降りて盾を取り出したので、盾津という名前となったと書かれています。こうした土地の名がつけられているところにリアリティを感じさせるのです。「記紀」がこのことを述べているのは、これも現実の出来事の記憶であったからと考えられます。

　退却した先で盾を揃えて並べて雄叫びをあげていることについて、これを神話の話ととって、「盾は戦争で利用するのではなく宗教儀式だ」という説があります。しかし、実際の話ととれば、遊牧民族の戦いの仕方を感じさせます。

　つまりこの時代に、すでに大陸の西の人々が日本に入っていると推測できるのです。似たような記述は「崇神天皇、墨坂神と大坂神」（『日本書紀』）にもあります。これは、イワレビコと崇神天皇が同じ時代にいる、という印象を与えるのです。さらに東征の続きを見ていきましょう。

皇軍に対して、敵である神が毒気を吐き、兵士たちを弱らせます。そこで登場するのが、第一章でも触れた熊野の高倉下（タカクラジ）です。

高倉下はその夜、夢を見ます。天照大神（アマテラスオオミカミ）が武甕雷神（タケミカヅチノカミ）に語っている夢です。天照が武甕雷神に「葦原中国《あしはらのなかつくに》は乱れ騒がしい。お前が往って平らげなさい」と言いますが、武甕雷神は「私が行かなくても、私が国を平定したときの剣を差し向ければ国は安定するでしょう」と答えます。天照大神が「もっともだ」と答えたため、武甕雷神は高倉下に「剣の名は赴屠能瀰哆磨《ふつのみたま》という。あなたの倉の中に置くのでそれを天孫に献上しなさい」と語りかけます。高倉下は「承知しました」と答えて目が覚めました。

翌朝、さっそく夢のお告げどおりに倉に行くと、剣が庫の底板に刺さっていました。高倉下はその剣を天皇に献上しに行きます。そのとき天皇はまだ毒気に当たって眠っていましたが、「どうしてこんなに長く眠ったのだろう」とすぐに目覚めます。すると同じように毒気に当たっていた兵卒たちも目を覚まし、起き上がったのです。毒気によって兵が弱るというのは、ある意味で細菌戦のようなものがあったのかもしれません。これは決して考えられないことではありません。当時も疫病はあったからです。「このため皇軍はまた振るわなかった」と書かれています。

高倉下は、『先代旧事本紀』（天孫本紀）には、ニギハヤヒの子であり「天香語山命の亦の名」と書かれていますが、大変興味深い記述です。

つまりここには、ニギハヤヒが第一の神武天皇として存在し、その子孫が神武東征のときにまだ存在したということです。高倉下は、敵・長髄彦が仕える大和の支配者ニギハヤヒの皇統の一人だったのです。ここでは高倉下は、逆に高天原系のイワレビコに加担する立場に立っています。このことは、長髄彦が一人孤立して戦っている、という事実を示しています。

◉八咫烏《やたがらす》とは何か

その後、皇軍はさらに大和地方に入ろうと試みました。しかし、山の中は険しく、行くべき道もありませんでした。進むことも退くこともままならず迷っているとき、夜、磐余彦命は「八咫烏《やたがらす》を遣わすから、これを案内にせよ」と天照大神が語りかけてくる夢を見ました。すると実際に八咫烏が飛んできたため、天皇は「この烏がやってきたことは瑞夢《ずいむ》に適っており、天照大神が私たちの仕事を助けようとしてくださっている栄誉なことだ」と言いました。

八咫烏に導かれ、大軍の大将である大伴氏《おおとものうじ》の先祖・日臣命（ヒノオミノミコト）は大来目（オオクメ）を率いて山を越え、路を踏み分けて行きます。

ここで、八咫烏が登場します。『新撰姓氏録』の「山城神別」によれば、神魂命孫鴨建津之身命が大鳥に化して天皇を導いたので「八咫烏」と名乗ったとあり、鴨県《かものあがた》主《ぬし》・賀茂県主の祖であるといいます。その他の由来も語られていますが、八咫烏も、こうした賀茂氏の祖という説がありますす。烏も人間として考えられているようです。

賀茂県主は同じ山城国を本拠とする秦氏との関係が深いことから、サルタヒコがやはり天孫降臨の際の導き手であったように、秦氏系がここにも導き手としていることになります。ここからも、すでに二、三世紀頃のこととして、この神武東征が考えられることが可能になります。

ちなみに、この八咫烏は、導きの神であり、神武東征の際、高皇産霊命（タカミムスビ）によって神武天皇のもとに遣わされ、熊野国から大和国の道案内をしたとされています。一般的に三本足の姿で知られていますが、「記紀」にはそれは記されていません。それは中国などの伝承の「三足烏」と同一視されたからだといいます。中国神話では三足烏は太陽に棲むといわれ、それが日本では、アマテラスの送った烏と同一視されて理解されたようです（『日本書紀（一）』岩波文庫　二一三頁注）。

◉兄猾（エウカシ）の陰謀

八咫烏に導かれた一行は宇陀《うだ》の下県《しもつこおり》に到着します。そのため、その場所を宇陀の穿邑《うかちのむら》と呼びます。天皇は軍を率いた日臣命を、「忠勇の士で、よく軍を導いた。お前の名を改めて道臣（ミチノオミ）としよう」とほめます。

軍勢は宇陀の県、人々の頭である兄猾（エウカシ）と弟猾（オトカシ）を呼び寄せます。しかし兄猾は応じず、弟猾だけがやって来ました。弟猾は「兄の兄猾は、天孫がお出でになると聞き、兵を率いて襲おうとしています。仮の新宮《にいのみや》をつくってこっそり兵を隠し、もてなすと見せかけて暗殺しようと企んでいます」と知らせます。

天皇は道臣命を遣わして弟猾が知らせた計略を調べさせると、実際に兄猾に暗殺の意図があることがわかります。天皇は大いに怒り「お前がつくった部屋に、自分で入るがよい」と言って剣を構え、弓に矢をつがえて中へ追い詰めたため、兄猾は自らの仕掛けに落ちて死にます。その屍《しかばね》を斬ると、その血がくるぶしを埋めるくらい流れたため、その場所を宇陀の血原《ちはら》と名づけます。

兄猾（エウカシ）と弟猾（オトカシ）は、大和国宇陀の豪族といわれます。この兄弟の仲違いは、のちのヤマトタケルの、双子の兄、大碓命（オオウスノミコト）との仲違《たが》いを思わせます。そして結果的に殺してしまうところも似ているのです。

この兄弟も兄のほうが悪者として扱われていますが、このような兄弟が対立するというのは、日本では少ないように思われます。神武天皇の兄、五瀬命（イッセノミコト）が弟イワレビコのために負傷し、命を失ってしまうのと対照的です。そこには民族的な違いがある、と感じられるのです。

日本神話にある、高天原のアマテラスとスサノオの姉・弟の関係が、日本の民族性として異質なものに感じるのと同じです。私は、「記紀」神話にある大和時代の人間性の表現が、その後の日本文学、民話と顕著なほど異質であると考えます。

大和に神武東征に服さず、天皇の暗殺を企てる者が、長髄彦だけでなく存在することは、大和地方にたどり着くまで、ほとんど抵抗らしい抵抗がなかったことと対照的です。

弟の弟猾（オトカシ）に密告されて殺される、という兄弟の裏切りが描かれるというのも、この地方に異質な人々がいるということではないか、と考えられます。「記紀」がその当時のユダヤ人秦氏と関係があることを、私は『日本神話と同化ユダヤ人』という論考で述べましたが、そこにカインとアベルのような兄弟殺しがしばしば登場するのは、この物語を知った者が日本の神話に参加しているのではないか、とも述べました。

カインとアベルは『旧約聖書』「創世記」第四章に登場する兄弟で、アダムとエヴァの息子たちです。ユダヤ教、キリスト教、イスラム教などの神話において人類最初の殺人の加害者・被害者とされていることを知っている者が「記紀」編纂に関わっているのではないかということです。

さて、兄の策略を教えた弟猾は肉と酒などを用意して皇軍を労い、もてなします。天皇はそれらを兵士たちに分け与え、歌を詠みました。

「ウダノタカキニ　シギワナハル　ワガマツヤ　シギハサヤラズ　イスクハシ　クヂラサヤル　コナミガ　ナコハサバ　タチソバノ　ミノナケクヲ　コキシヒエネ　ウハ

ナリガ　ナコハサバ　イチサカキミノオホケクヲ　コキタヒエネ（ところどころ判別できない箇所がありますが、「宇陀の高城《たかき》に、鴫《しぎ》をとる罠《わな》を張って待っていたが鴫はかからずクジラがかかった。前の妻が獲物がほしいと言ったらヤセソバの実のないところをやり、あとの妻が獲物がほしいと言ったら斎賢木《いちさかき》の実の多いところをやれ」というような意味です）。

これを来目歌《くめうた》といいますが、「楽府《おおうたどころ》でこの歌を歌う際には手の広げ方の大小や声の太さ細さの別はあるが、古《いにしえ》からの遺法である」と書かれています。すでに楽府のある朝廷の存在を述べています。

◉久米歌とは何か

ここで久米氏について述べておきましょう。

この氏族は軍事氏族の一つで、『新撰姓氏録』においては、高御魂命の八世の孫である味耳命（ウマシミミノミコト）の後裔とされています。神魂命の八世の孫である味日命（ウマシヒメノミコト）の後裔と伝わり、久米部（「くめべ」と読むそうで、来目部と表記することもある）の伴造氏族（久味国造）でもあります。彼らが神武天皇の一行に加わっていたことになります。

『日本書紀』神代下天孫降臨章一書には、大伴氏の遠祖の天忍日命（アメノオシヒノミコト）が、来目部の遠祖である大来目命（大久米命）を率いてニニギノミコトを先導して「天降った」と記されており、『新撰姓氏録』左京「神別」中の大伴宿禰条にも同様の記述があるのです。

「記紀」では「天忍日命（アメノオシヒノミコト）」、他文献では「天押日命」や「神狭日命」とも表記されています。大伴氏（大伴連／大伴宿禰）の祖神で、天孫降臨の際にニニギノミコト（瓊瓊杵尊／邇邇芸命）に随伴したと伝えられています。

この「記紀」の記述は重要で、久米氏が大伴氏と共に高天原系の「神別」に分類され、彼らは高天原系、すなわち日高見国系の人々であったことを示しています。そして天皇は彼らの歌を大和地方に入って詠われたのです。

また、神武天皇東征説話に見られる来目歌《くめうた》、戦闘歌舞の代表といえる久米舞は、久米氏・久米部の性格を考える上で重要です。『古事記』には天忍日命と大久米命の二人が大刀・弓矢などを持って天孫降臨に供奉したとあり、大伴氏と久米氏を対等の立場として扱っています。

これは、神武天皇の軍勢のなかに、このような狩猟・騎馬民族系の戦闘部隊がいたと考えられます。また、この来目歌（久米歌）は、神武天皇が大和の宇陀の兄猾（エウカシ）を征討したとき久米部が歌った歌として、重要な歌謡と思われます。大和国平定と共に、これが宮廷歌曲となり、重複を合わせてもわずか十四曲が存在するほどです。

さて、東征の続きを見ていきます。天皇はこのあと、吉野の辺りを見たいと思い、宇陀の穿邑《うかちのむら》から軽装の兵を連れて巡幸します。吉野に着くと、井戸の中から体が光って尻尾《しっぽ》がある人が出てきます。

天皇が何者か問うと、「私は国《くに》つ神《かみ》で、名は井光（イヒカ）といいます」と答えました。これが吉《き》野《び》の首部《おびとら》の先祖です。

天皇がさらに進むと、岩を押し分けて尾のある人が出てきたため、天皇はまた何者かと問います。すると相手は「私は石押分（イワオシワク）の子です」と答えます。

これが吉野の国栖《くず》の先祖です。

天皇が川に沿って西に進むと、梁《やな》を設けて漁をする者がいます。天皇が何者かと問うと、「私は苞苴担（ニエモツ）の子です」と答えます。これが阿太の養鸕部《うかいら》の先祖です。

ここで天皇が出会った住民の記述に、私は大和政権成立前の高天原系、すなわち縄文時代の人々の記述を見てとることができると思います。彼らが「国つ神」と名乗っていることに、すでに天つ神＝日高見国系に対して、国つ神としての認識があったことを理解させます。

井戸の中から出て来たり、岩を押し分けて現れたり、鵜飼をして魚を獲っていたりする人物が、「神に捧げ物をする」という意味の名前をもっていることがわかるのです。それぞれ自然に結びついた職業の人々に出会っているのです。たとえ尻尾があろうと、それは決して蔑視しているわけではありません。日本人は動物を蔑視することはなかったのです。

◉「平瓦八十枚」について

九月五日、宇陀の高倉山の頂に登った天皇は国を眺めました。その頃、敵の八十梟帥（ヤソタケル）は国見丘《くにみのたけ》の上におり、女坂《めさか》に女軍《めのいくさ》を、男坂《おさか》に男軍《おのいくさ》を置き、墨坂《すみさか》におこし炭を置いていました。このことから女坂・男坂・墨坂と呼ばれています。

さらに、兄磯城《えしき》の軍が磐余邑《いわれのむら》に布陣しているなど、敵の拠点はみな要害の地にありました。このため通るべきところがない天皇は、これを憎みます。

この夜、天皇が神に祈って寝ると、天つ神《あまかみ》が現れ「天香具山《あまのかぐやま》の社の中の土で平瓦を八十枚と、お神酒《みき》を入れる瓶をつくって天神地祇《てんじんちぎ》をお祀りせよ。また、身を清めて行う呪詛をすれば敵は自然に降伏するだろう」と告げられます。

ここにこれが書かれた年代を予想させる記述があります。それは「平瓦」という屋根を葺く材料です。平瓦とは、伝統的な和風の建物、つまり神社やお寺などの屋根に使用されているもので、六世紀後半以降に使われるものです。反った板状の瓦が平瓦で、丸瓦と交互に組み合わせて葺かれます。これを八十枚というのも、新しい建築技術をもっていた土師《はじ》氏などの関係を感じさせます。

天皇がお告げどおりにしようとすると、弟猾（オトカシ）が「倭の国の磯城邑《しきのむら》に磯城《しき》の八十梟帥が、また葛城邑《かずさむら》には赤銅《あかがね》の八十梟帥がいます。この者たちは天皇にそむいて戦うつもりです。天香具山《あまのかぐやま》の赤土をとって平瓦をつくって天神地祇を祀ってから敵を討たれたら討ち払いやすいでしょう」と進言します。

それで汚らしい老人の格好をさせた二人の使いを出し敵の目をあざむき、二人は無事に山について土を取って帰りました。

天皇はさっそく、この土で平瓦や手抉《たくじり》（丸めた土の真中を指先でへこませてつくった土器）、厳瓮《いつへ》（御神酒瓮《おみさかめ》のこと）などをつくって丹生《にう》の川上にのぼり、天神地祇を祀られました。天皇が宇陀川《うだがわ》で神意を占い、「私はたくさんの平瓦で水なしに飴をつくろう。もし飴ができれば武器を使わず居ながらにして天下を平らげるだろう」と言いました。

これは平瓦の効果を述べており、この制作技術が家だけでなく、土器や酒瓮をつくらせ、それから飴までつくりました。この平和な武器で、天下を平らげることができるというのも、日本人らしいところです。

さらに天皇は、「私は御神酒瓮を丹生の川に沈めよう。魚が酔って、ちょうど槇の葉のように浮き流れたら、この国を平定するだろう。もしそうでなければ事を成し遂げられないでしょう」と言って瓮を川に沈めます。すると瓮の口が下を向き、しばらくすると魚がたくさん浮き上がってきました。

椎根津彦（シイネツヒコ）がそれを報告すると天皇は大いに喜び、丹生の川上の榊を供えて諸々の神を祀りました。このときから祭儀に御神酒瓮の置物がおかれるようになったのです。

面白いのは、こうした歴史の中で、神道の祭儀につきものの御神酒瓮の起源をこのように語っていることです。というのも、先ほどの平瓦の技術も酒づくりの方法も、渡来人がもたらしたと考えられるからです。つまりこの神武東征は、現実の中の事件であり、それゆえに現実の神道の儀式も、その歴史の中に由来するのだということです。

◉敵への不意打ち

神武東征の実態は、決して神々の戦いの様相ではなく、きわめて現実的です。そして敵に対する戦いの熾烈さは、ユダヤ人の『旧約聖書』の熾烈さ、酷薄さに似ているといえるかもしれません。そこにはなんらかの関連があるのでしょうか。

さて、先に進みましょう。

十月一日、天皇はその厳瓮《いつへ》の供物を召し上がると兵を整えて出発し、まず八十梟帥（ヤソタケル）を国見丘《くにみのおか》において斬ります。天皇はこの戦いに必ず勝つと思い、次のような意味の歌を歌われます。

「伊勢の海の大石に這いまわる細螺《きしゃご》のように、我が軍勢も這いまわって必ず敵を打ち負かそう」

しかし敵兵は多く、戦況は測りがたかったため、天皇は道臣命（ミチノオミノミコト）に「お前は大来目部《おおくめべ》を率いて忍坂邑《おさかのむら》に大室《おおむろ》をつくって敵を招待し、酒宴を盛大に催して敵を騙し、討ち取れ」と密命を下します。

道臣命は言われたとおりに忍坂《おさか》に大室を掘り、兵のなかから強い者を選んで偽の酒宴を開きます。「宴たけなわになったら俺は立って舞う。お前たちは俺の声を聞いたら敵を刺せ」と示し合わせておきました。

敵は陰謀だとはつゆ知らず、油断して酒に酔い始めます。そこで道臣命は立って、「忍坂《おさか》の大きい室屋《むろや》に人が多勢入っている。入っていても御稜威《みいつ》を負った来目部の軍勢の頭椎《くぶつつ》（柄頭《つかがしら》が椎の形をした剣のこと）と石椎《いしつつ》（柄頭を石でつくった剣のこと）で敵を打ち負かそう」と歌います。

この歌を聞くと道臣命の部下たちはいっせいに剣を抜き、敵を皆殺しにしました（「皆殺しにしました」という記述は、天皇の軍勢の気力の強さをよく示しているといえます）。皇軍の士気は大いに上がり、「今はもう、敵をすっかりやっつけた、今だけでも歓喜せよ我が軍よ」と歌って天を仰いで笑いました。来目部を歌ったあとに大笑いするのは、このためです。

また、最後に「エミシヲ　ヒタリモモナヒト　ヒトハイヘドモ　タムカヒモセズ」

と歌いました。夷《えみし》について、「一人で百人に当たるほど強い兵だと人は言うが、抵抗もせず負けてしまった」といった意味です。

◉エミシについて――神武天皇の真実

同じ『日本書紀』の景行天皇の条に、武内宿禰が北陸や東国を偵察して《東の夷の中に、日高見国あり、その国の人、男女並びに椎結け身を文けて、人となり勇みこわし。是をすべて蝦夷という》と書かれています。景行天皇といえば、第十二代の天皇で、第十代崇神天皇の孫にあたります。すると神武天皇の「古歌」もこの武内宿禰の言葉と近い時期につくられたと考えざるをえません。つまり神武天皇は、崇神天皇と同時代に近い、ということになります。

この最後の歌がのちに広まり、古歌で「えみしを 一人 百《もも》な人 人は言へども 手向かいもせず」（えみしは一人で百人に当たると人は言うが、我が軍には手向かいもしない）と歌われました。

このエミシという言葉が、蘇我蝦夷、小野毛人《えみし》、佐伯今毛人《いまえみし》、鴨《かもの》蝦夷のように大和朝廷側の貴族の名に使われ、平安時代後期には権威づけのために蝦夷との関連性を主張する豪族（安倍氏や清原氏）も登場しており、「えみし」には強くて勇敢という語感があったと推測されています。決して、蔑称ではありませんでした。その権威化した名前を支える実際の人々は、おそらく隠れ秦氏であったと思われます。

これまで、蝦夷や毛人は、漠然とアイヌのイメージで見られていました。しかし純粋なアイヌは十二世紀以降に日本にやって来たオホーツク人であって、たとえそれ以前にいたとしても、その性格から「一人で百人の力をもっていた」と尊敬されるほどの力をもっていた存在ではありません。

これは、多数のユダヤ人埴輪に見られるように、ユダヤ人秦氏であろうと考えざるをえません。彼らは関東、東北に在住し、秦氏として生きていたのです。ということは、蝦夷とは、その外観が倭人にとって異様な存在に見えたのでしょう。

しかしそれだけ尊敬される存在で、大和朝廷の蘇我氏、小野氏、佐伯氏など、みな蝦夷、毛人という名をつけたのは、彼らが秦氏のような技術や知識をもって帰化し、同化していったからだと思われます。すでに日高見国、すなわち高天原にはそうした人々が渡来していたと考えることができます。

ニギハヤヒノミコトが第一の大和国を開いたときにも、すでにそうしたユダヤ人がいた可能性が十分あるでしょう。天孫降臨した人々、すなわち東国から西国に移って来た人々に、すでに彼らがいたと考えられるのです（拙著『日本神話と同化ユダヤ人』勉誠出版参照）。

神武天皇が「東征」された頃、すでに同化していたために、手向かうことがなかった、と思われます。

◉兄磯城（エシキ）との戦い

エミシに勝利したあと、十一月七日に皇軍は大挙して磯城彦（シキヒコ）を攻めますが、まず使者を送って兄磯城（エシキ）を呼んだものの応じません。そのため、さらに八咫烏を遣わして呼ぶことにしました。

烏は兄磯城の軍営に行き、「天《あま》つ神《かみ》の子がお前を呼んでおられる」と告げますが、兄磯城は怒り、弓を構えて射ったので烏は逃げ去ります。

次いで八咫烏は弟磯城（オトシキ）の家に行き、同じように「天つ神の子がお前を呼んでいる」と鳴きます。弟磯城は「天つ神が来られたと聞いて朝夕、畏《おそ》れかしこまっていました。烏よ、お前が鳴くのはよいことだ」と言って、八枚の平らな皿に食べ物を盛ってもてなします。

烏に導かれるまま皇軍のもとにやってきた弟磯城は、「天神の御子がいらっしゃったと聞いた兄の兄磯城は、八十梟帥（ヤソタケル）を集めて武器を整え、戦いを挑もうとしています。こちらも急ぎ準備すべきです」。

天皇は諸将に問いかけました。「兄磯城は呼びに行っても応じず、戦うつもりのようだ。どうしたものか」。すると諸将は「まずは弟磯城を遣わして説得し、さらには兄倉下（エクラジ）・弟會下（オトクラジ）にも諭させましょう。それで従わないのなら兵を送って戦いましょう」と答えます。しかしそうしても兄磯城は承伏しませんでした。

そこで椎根津彦（シイネツヒコ）が策を練ります。

「まず女軍《めのいくさ》が忍坂《おさか》の道から攻撃しましょう。敵は精兵を出してくるでしょうから、こちらは強兵を走らせ速やかに墨坂《すみさか》を目指し宇陀川《うだがわ》の水をとり、敵軍の炭火に注ぎましょう。敵がそれに驚いている間に不意を突いて戦えば勝てるでしょう」

天皇はその計略を採用し、女軍《めのいくさ》を出します。敵は主力部隊が来たと思って全力で迎え撃ちます。

皇軍はこれまでの戦いで、攻めれば必ず勝っていましたが、甲冑《かっちゅう》の兵士たちの疲労がたまっていました。そこで天皇は将兵の心を慰めるため、歌を詠みます。

「タタナメテ　イナサノヤマノ　コノマヨモ　イユキマモラヒ　タタカヘパ　ワレハヤヱヌ　シマツトリ　ウカヒガトモ　イマスケニコネ」（盾を並べて大和の国の伊那揖《いなさ》の山の木のあいだから敵を見張って戦ったので我軍は空腹になった。鵜飼をする民よ、今すぐ助けに来てくれ）

そうするうちに男軍《おのいくさ》が墨坂を越えて後方から敵を挟み討ちにし、梟雄兄磯城（タケルエシキ）を斬ることができたのです。

ここにも、神武天皇の軍勢の前にたちはだかる兄弟の話が出てきます。兄磯城（エシキ）と弟磯城（オトシキ）の兄弟の相克が描かれています。

すでに述べたように、この大和地方にはこのような異質な存在が多数いたのです。このカタカナの歌は、素朴な内容ですが歌謡として実際に歌われたとしたら、日本の歌の発生に一つの仮説を提供しているといえるでしょう。

つまり、和歌が生まれる前にこのような願望表現の仕方があり、それがのちの和歌となったことになります。

◉最後の長髄彦との戦い

しかしこれまでの戦いは、小競り合いとでもいうべきで、やはり最大の敵は長髄彦の軍勢でした。この長髄彦は、単にニギハヤヒの手下ではなく、すでに高天原に国譲りをした出雲勢力の神だったという指摘は、この戦いの激しさの本質を語っているようです。

古代史研究家の宝賀寿男《ほうがとしお》氏は、天孫族に反抗したという行動や、神武天皇の父母世代にあたる世代関係などから、長髄彦を事代主神（神武天皇の岳父）の子ではなく、実際にはその弟と考えました。建御名方神（諏訪氏祖）です。しかしこの神は、諏訪を動かないと約束した神であり、やはり事代主神と考えるべきでしょう（宝賀寿男『「神武東征」の原像〈新装版〉』青垣出版、二〇一七年）。

皇軍がついに長髄彦（ナガスネヒコ）と対したのは十二月四日のことでした。しかしなかなか勝利することができません。すると急に空が暗くなり、雹《ひょう》が降ってきました。そこへ金色の鵄《とび》が飛んできて、天皇の弓の先にとまります。鵄は光り輝いていて雷光のようだったといいます。長髄彦の軍勢は、その光に眩まされて力を発揮できなくなります。

「長髄《ながすね》」とは邑《むら》（村・領地）の名で、それを人名としましたが、皇軍が鵄の瑞兆を得たことから、当時の人たちはそこを鵄《とび》の邑《むら》と名づけました。現在の鳥見《とみ》はこれが訛ったものです。

以前の孔舎衛《くさえ》の戦いで五瀬命（イツセノミコト）が矢傷を負って亡くなりましたが、

天皇はこれを忘れず、敵を恨んでいました。この戦いでその仇を討ちたいと思い、歌を歌います。

「ミツミツシ　クメノコラガ　アキフニハ　カミラヒトモト　ソネガモト　ソネメツナギテ　ウチテシヤマム」（これも判別できないところがありますが、「来目部《くめべ》の人たちが植えた粟が生えたら韮《にら》が一本まじっていた。その韮の根と芽をつなぐように敵の軍勢を撃ち破ろう」といった意味です）。

天皇はさらに歌います。

「ミツミツシ　クメノコラガ　カキモトニ　ウエシハジカミ　クチヒクク　ワレハワスレジ　ウチテシヤマム」（これも同様に、「来目部《くめべ》の軍勢の家の垣の根元に植えた山椒《さんしょう》を口に入れるとヒリヒリする。同じような敵の攻撃のつらさは今も忘れない。必ず撃ち破ってくれよう」というような意味です）。

これらの歌はすべて来目歌と呼ばれています。これは歌った人を指して名づけたものです。

この久米氏の軍隊は、大伴氏の祖神で、天孫降臨の際にニニギノミコト（瓊瓊杵尊）

に随伴したと語られている軍隊です。したがって、「金色の鵄《とび》が飛んできて天皇の弓の先にとまる」という意味は、新たに「高天原」からの応援が来て天皇の軍隊に加わった、と考えられます。太陽の昇る東を背にして大和を攻撃する、ということはそうした意味があるのでしょう。

天孫降臨の折、『古事記』には天忍日命と天津久米命の二人が大刀・弓矢などを持って供奉したとあります。クメの原義に関する考察は、古くは本居宣長《もとおりのりなが》の容貌説、そのほか、クメ＝クミ（組）説、「クメベは軍隊のムレ（群れ）」説、クメ＝クマ（肥）であり、「肥人つまり異民族の部民」説（喜田貞吉《きたさだきち》）、クメ＝クベ（垣）で、「宮廷の御垣」説（折口信夫《おりくちしのぶ》）、クメ＝西南の島々の地名説、「大伴氏がもともと来目であり、大伴の部民」説が挙げられていますが、そのなかで本居説、喜田貞吉と折口信夫説が興味深いと思います。

本居説は「人の目の円く大きく、くるくるしたるゆえ」から始まった、と面白い解釈をしています。喜田氏の「肥人つまり異民族の部民」説と組み合わせると、もともとの日本人ではなく、目が丸く大きい外来人であり、それが日高見国に住みついていた氏族らしいということになります。折口の「御垣」説も興味深く、異民族の彼らが、垣で囲って住んでいたことを示唆しています。

そうすると、朝鮮や中国の人々ではなく、目の大きい大陸の異民族人であり、秦氏のようなユダヤ人ではないか、ということになります。ユダヤ人は大陸でも西洋でも、長く自らを防御する上で、家の周りに高い垣をつくって住んでいます。

歴史学者の上田正昭《まさあき》氏は、本居説は否定するものの、クベ＝垣説を支持し、《久米歌から考察するに、宇陀の高城の防御を施した垣の内の集団生活にこそ、久米集団の本源的様相があり、元は山人で、南大和の王権に直属するようになり、御県の神が祀られるようになった》とする考察に賛成しています（上田正昭「戦闘歌舞の伝統」上田正昭編『論集 日本文化の起源 第2巻 日本史』平凡社、一九七一年）。

つまり彼らは関東・東北のユダヤ人埴輪のモデルとなった人たちではないか、ということです。まさに次章で述べる、神武天皇＝崇神天皇説や、箸墓古墳＝崇神天皇＝神武天皇の墳墓説と関連してくる問題ですが、そこの戦いにユダヤ人秦氏が関わっていたということです。

長髄彦との戦いに戻りましょう。金色の鵄《とび》の力によって劣勢となった長髄彦は天皇に使者を送りました。「昔、天神の御子であられる櫛玉饒速日命（クシタマニギハヤヒノミコト）が天磐船《あまのいわふね》に乗って天降られました。この櫛玉饒速日命が私の妹・三炊屋媛（ミカシキヤヒメ）を娶《めと》り、可美真手命（ウマシマデノミコト）という子ができました。そのため私は、饒速日命（ニギハヤヒノミコト）に仕えています。あなたも天《あま》つ神《かみ》の子と申されますが、天つ神の子は二人おられるのでしょうか？　どうして天つ神の子と名乗って私の土地を奪おうとするのでしょうか？　あなたは偽者なのではありませんか」。

それに対し天皇は、「天つ神の子はたくさんいる。お前の主人である饒速日命が本当に天つ神の子ならば、証拠があるはずだ。それを示せ」と答えます。

すると長髄彦は、饒速日命がもっていた天羽羽矢《あまのははや》（蛇の呪力を負った矢）と、歩靫《かちゆき》（徒歩で弓を射るときに使うヤナグイ）を天皇に示します。天皇はそれを見て「偽りではない」と答え、自分が所持している天羽羽矢《あまのははや》一本と、歩靫《かちゆき》を長髄彦に見せます。長髄彦はそれらの証拠を見ておそれ畏《かしこ》まったものの、もはや戦いの準備はすっかり整えられていたため、戦いをやめる気はありませんでした。

長髄彦は性格にねじくれたところがあり、天つ神と人とはまったく異なるのだと教えても理解しようとしなかったため、饒速日命により殺害されてしまいました。というのも、饒速日命は、天つ神たちがもっとも心配しているのは天孫のことだけだということを知っていたからです。

これはまさに長髄彦が、決して饒速日命の忠実な配下ではなかったことを示しています。もし神武天皇の所持の天羽羽矢《あまのははや》一本と、歩靭《かちゆき》を長髄彦に示された段階で、同じ天皇であり、同様に従うべきだという思考の転換をできなかったからです。

兵器の用意はすっかり整い、中途で止めることは難しい、などというのではなく、間違った考えを捨てず、改心の気持ちもなかった、というように帰順できなかったのです。これは、高天原からの瓊瓊杵尊＝饒速日尊の皇統をすぐさま受け入れられなかった悲劇といってよいでしょう。高天原から国譲りを命じられて渋々譲った大国主命系の者、と考えられます。長髄彦とは土地から出た名前にすぎません。

長髄彦を殺した饒速日命は、兵士たちを率いて天皇に帰順します。天皇にも饒速日命が天から下ってきたということはわかっていますし、長髄彦を殺し忠誠を尽くしたのでほめ、とりたてます。

さらに翌年、己未の春二月二十日、天皇は諸将に命じて士卒を選び、訓練をします。それは、そほの県《あがた》（添県）の波哆《はた》の丘岬《おかざき》にいる新城戸畔（ニイキトベ）という女賊《にょぞく》と、和珥《わに》（天理周辺）の坂下にいる居勢祝（コセノハフリ）という者と、臍見《ほそみ》の長柄《ながら》の丘岬《おかさき》にいる猪祝（イノハフリ）という、三カ所にいる土賊がその力を誇示して天皇に帰順しなかったため、天皇はこれを攻めようとしていたのです。

結局、天皇は軍の一部を派兵し、それらの敵を皆殺しにします。また、高尾張邑《たかおわりのむら》にいた土蜘蛛《つちぐも》という、胴が短く手足が長く侏儒《しゅじゅ》と似ていた者を、葛《かつら》の網《あみ》をつくって捕え、殺しました。

ここで注目すべきは、土蜘蛛や侏儒です。彼らは何者なのでしょう。

普通「つちぐも」とは、天皇への恭順を表明しない土着の豪傑・豪族・賊魁《ぞっかい》などに対する蔑称とされています。『古事記』神武紀、『日本書紀』神武・景行・神功の三天皇の時期に「都知久母《つちぐも》」や「土蜘蛛」の名が見られ、陸奥、越後、常陸、摂津、豊後、肥前など、各国の伝説を書き出した風土記でも「古老曰く」「昔」などの書き出しで伝説として語られている人々のことです。『常陸国風土記』では、国栖《くず》と都知久母とは同じ意味であると記されています。

史料の上での登場は神武天皇の時代以後で、「記紀」に記されている神話の時代には登場していません。このことは何を意味するのでしょうか。

彼らが土着の縄文人（＝神々＝高天原神＝日高見国人）ではなく、新たな外来人であると推測されます。

私はこうした帰化人は、豊かな秦氏の落ちこぼれや、朝鮮、中国からの渡来人ではないか、と考えています。『新撰姓氏録』で「諸蕃《しょばん》」と称される、秦氏を除く人々です。

◉宮殿造営について

そうした戦いを経た三月七日、天皇は令《のりごと》を下しました。「東征してから六年になった。天《あま》つ神《かみ》の勢威のお蔭で凶徒を殺すことができたが、周辺の地はまだ治まらない。

災いはいまだ根強いものの、内州《うちつくに》の地では騒ぐ敵はいないため、皇都《みやこ》を開いて御殿をつくろう。世の中はまだ開けていないが、民の心は素直だ。彼らは巣や穴に住むなど未開の慣わしのままである。大人《ひじり》（聖人）が制《のり》を立てれば道理が正しく行われるだろう。それが人民の利益となるなら、聖の行うわざとしては間違いない。山林を開き、宮室をつくり謹んで尊い位につき、人民を安んずるべきだろう。上は、天《あま》つ神《かみ》の国をお授けくださった御徳にこたえ、下は、皇孫の正義を育て、ひろめよう。その後、国を一つにして都を開き、一つの家とすることはたいへんよいことである。あの畝傍山《うねびやま》の東南・橿原《かしはら》の地は国の真中であろう。そこに都をつくろうではないか」。

この同じ月、天皇は役人に命じて都づくりに着手します。庚申の年秋八月十六日、天皇は正妃を立てようと思い、貴族の女子を探します。ある人が「事代主神（コトシロヌシノカミ）が、三島溝橛耳神（ミシマゾクイミミノカミ）の娘、玉櫛媛（タマクシヒメ）と結婚され、生まれた子は媛蹈鞴五十鈴媛命（ヒメタタライスズヒメノミコト）といってすぐれた容色の女性です」と言いました。

これを聞いた天皇はたいへん喜び、九月二十四日に媛蹈鞴五十鈴媛を召して正妃としました。そして辛酉の年春一月一日に天皇は橿原宮《かしはらのみや》で即位し、この年を天皇の元年としたのです。

この宮殿造営の語りで、饒速日命（ニギハヤヒノミコト）と神武天皇、そして崇神天皇の関係が錯綜してくるのを感じます。というのも考古学者が述べるように、橿原神宮に、その遺跡が見られないという決定的な問題が絡んでいるからです。

まず天皇が言われる、「畝傍山の東南・橿原の地は国の真中で、ここに都をつくる」というお言葉です。

現在は明治時代以降に建てられた橿原神宮も墓地もありますが、それ以前は、ここに文久山陵、日継御子御陵、文化山陵など、小さな墓陵があっただけです。ここに「記紀」のフィクションがあります。これが神武天皇の虚構説を決定づけました。都も墓もない天皇になったのです。

しかしあとで述べるように、この辺りには饒速日命の時代の遺跡が数多くあります。つまり紀元前六六〇年頃の縄文遺跡です。確かに饒速日命がどこに住まわれていたかは、『先代旧事本紀』では、《大倭（大和）の国鳥見《とみ》の白庭山《しろにわやま》に御遷座された》と書かれています。しかしその後、《天の磐船に乗り大空をかけてめぐりこの地をご覧になり天から下られた。すなわち「虚空《そら》見つ日本《やまと》」とおっしゃられたのがこれである》と書かれているだけです。

「国鳥見の白庭山」には、場所の指定があるとは思われません。空から鳥が見るように探した、という意味が先にあり、それが直接、地名となるようには思われないのです。

実際、磐船で降りられた河内の国の河上の哮峰《いかるがのみね》の近く（生駒山脈の北部、大阪府交野《かたの》市にある磐船神社付近）とされ、その近くの奈良県生駒郡北部の鳥見の白庭山といわれます。それはあとから考えられたものでしょう。それより奈良県桜井市の鳥見山だという説もあります。桜井市であれば現在の橿原神宮と近く、橿原に宮都をつくったと考えてもいいと思われます。

これからの遺跡が、その宮都があったことを明確化することを期待しているわけです。いずれにせよ饒速日命の即位が、「辛酉の年春一月一日に天皇は橿原宮《かしはらのみや》で即位し、この年を天皇の元年とする」と言っても、間違いではないと思われます。

◉神武天皇の業績

天皇と媛蹈鞴五十鈴媛命（ヒメタタライスズヒメノミコト）の間には、皇子の神八井命（カムヤイノミコト）、神渟名川耳尊（カムヌナカワミミノミコト）が生まれました。

古語ではこれを称して「大地の底の岩に、畝傍《うねび》の橿原《かしはら》に御殿の柱をしっかりと立て、高天原《たかまがはら》に千木高くそびえ、初めて天下を治められた天皇」、名づけて神日本磐余彦火火出見天皇（カムヤマトイワレヒコホホデミノスメラミコト）としています。

さらに、この「大地の底の岩に、畝傍の橿原に御殿の柱をしっかりと立て、高天原に千木高くそびえ、初めて天下を治められた天皇」が、まさに饒速日命であっても決して間違いではないのです。

「初めて天下を治められた天皇」と同じ言葉が使われたのが、崇神天皇でした。

天皇が初めて国政を始める日に、大伴氏《おおとものうじ》の先祖の道臣命（ミチノオミノミコト）が密命を受けて大来目部《おおくめべ》を率い、諷歌《そえうた》（比喩的な歌）、倒語《さかしまごと》（合言葉・暗号）をもって災いを払い除きました。倒語が用いられるのは、ここから始まりました。

二年春二月二日、天皇は論功行賞を行い、道臣命に宅地を授けて築坂邑《つきさかのむら》に住まわせ、特に目をかけます。また、大来目（オオクメ）を畝傍山の西、川辺の地に住まわせましたが、来目邑《くめのむら》と呼ぶのはこれが由来です。

さらに、天皇は椎根津彦（シイネツヒコ）を倭国造《やまとのくにのみやつこ》に、弟猾（オトカシ）には猛《たけ》田邑《だのむら》を与えます。そのため弟猾は、猛田の県主（タケダノムラノアガタヌシ）と呼ばれるようになりました。これは宇陀の主水部《もいとりべ》の先祖です。

また、弟磯城（オトシキ）の名は黒速（クロハヤ）といい、磯城《しき》の県主《あがたぬし》としました。

さらに剣根（ツルギネ）という者を葛城国造《かずらきのくにのみやつこ》とし、八咫烏も賞の内に入りましたが、その子孫が葛野主殿県主《かずらののとのもりあがたぬし》です。

天皇は四年春二月二十三日に詔して、「私の皇祖の霊が天から降りてきて助けてくださった。今はすべての敵を平らげ、天下は何事もない。そこで天《あま》つ神《かみ》を祀って大孝を申し上げたい」と述べました。

神々の祀りの場を鳥見山の中に設け、そこを上小野《かみつおの》の榛原《はりはら》・下小野《しもつおの》の榛原《はりはら》と名づけ、高皇産霊尊（タカミムスヒノミコト）を祀ったのです。

ここには大伴氏を中心に、神武東遷の論功行賞がされていますが、高天原の神々のことはすっかり抜けています。建甕槌神が剣を降ろされた高倉下の名前もありません。彼らは神々で、褒賞をする必要がないということでしょうか。しかしさすがに高天原の最高神である高皇産霊尊（タカミムスヒノミコト）のことは、次の詔に触れられています。

天皇は十一年夏四月一日に巡幸し、腋上《わきかみ》の嗛間《ほほま》の丘に登って国のかたちを望見しました。そこで「なんと素晴らしい国を得たことだろう。狭い国だが、蜻蛉《あきつ》（トンボ）がトナメ（交尾）しているように山々が連なり、囲んでいる国だ」と言いました。このため秋津洲《あきつしま》という名になりました。

かつて、伊奘諾尊（イザナギノミコト）がこの国を名づけ、「日本《やまと》は心安らぐ国、よい武器がたくさんある国、すぐれてよく整った国」と言いました。

また、大己貴大神（オオアナムチノオオカミ）は、「玉牆《たまかき》の内《なか》つ国《くに》（美しい垣のような山々に囲まれた国）」と名づけました。

饒速日命（ニギハヤヒノミコト）は、天磐船《あめのいわふね》に乗ってこの国を見て天降り、「空見つ日本《やまと》の国（大空から眺めて、良い国だと選ばれた国・日本）」と名づけました。

そして天皇は、四十二年春一月三日に皇子である神淳名川耳尊（カムヌナカワミミノミコト）を立てて皇太子とされます。

天皇が橿原宮《かしはらのみや》で崩御《ほうぎょ》されたのは、七十六年春三月十一日。百二十七歳でした。その翌年の秋九月十二日に畝傍山《うねびやま》の東北《うしとらのすみ》の陵《みささぎ》に葬られました。

この『日本書紀』の神武天皇の最後に、饒速日命がこの国を見て天降し、「空見つ日本《やまと》の国（大空から眺めて、良い国だと選ばれた国・日本）」と名づけたと、はっきり出てくることは、注目すべきことです。

神武天皇が最初に御巡幸に出られたときの「なんと素晴らしい国を得たことだ。狭い国ではあるけれども、蜻蛉（トンボ）がトナメ（交尾）しているように山々が連なり、囲んでいる国であるな」（「妍哉乎、國之獲矣。妍哉、此云鞅奈珥夜。雖內木錦之眞迮國、猶如蜻蛉之臀呫焉」由是、始有秋津洲之號也）という国見の歌と並べています。

伊奘諾尊（イザナギノミコト）も大己貴大神も、みなある時期の天皇《すめらみこと》なのです。

第三章　「記紀」から読み解く神武天皇＝崇神天皇

◉「記紀」に示されている神武天皇の墓陵

現在の神武天皇を祀った橿原《かしはら》神宮は、明治二十三（一八九〇）年に「神宮」という名称となり、官幣《かんぺい》大社（官幣社とは古代の神社制度。神祇官《じんぎかん》より幣帛《へいはく》を供え、祀った神社。明治の制では祈年祭・新嘗《にいなめ》祭・例祭に皇室から幣帛を供えた神社のこと。官幣大社は官幣社で最も格式が高い神社で、出雲《いずも》大社や宇佐《うさ》神宮などが該当した）として創建されました。

神宮としては非常に新しいのですが、約二千六百年という長い期間、神武天皇の神社、神宮がなかったということはじつに驚くべきことです。

橿原神宮は、三万六千坪という広大な、いかにも神武天皇の神宮らしいすばらしい佇まいで、なぜ二千六百年もの間つくられなかったのか不思議なくらいです。

「記紀」には、神武天皇の墓は橿原にあると書かれていますし、江戸時代にも橿原近辺で墓の在処《ありか》を探したのですが、結局見つかりませんでした。

「記紀」は、共に日本最古の神話とつながっている物語ですから、神武天皇の存在も現実のもの、つまり歴史そのものの存在として考えなくてはいけなかったのです。ところが天皇をお祀りする神宮もなく、「記紀」に書かれている橿原近辺にも墓が見つからないのはなぜか、私は以前から考えていました。

墓が発見されないから神武天皇は存在しないのか、というとそうではありません。本章で詳しく見ていきますが、「記紀」で語られている神武東征の話は非常に具体的です。私自身も天孫降臨は現実にあり、高天原《たかまがはら》は関東・東北の日高見国《ひたかみのくに》であったと考えています。

鹿島から鹿児島、あるいは鹿島近辺には高天原という地名がいくつもあり、息栖《いきす》神社という船の神社もあります。船で関東・東北の人たちがやって来て、鹿児島に天孫降臨したと考えられます。現在の霧島市の辺りにある天降川《あもり》が、まさにそうした場所です。

天降川から入って日向《ひゅうが》、宮崎に抜けた辺り、そこで神武天皇が誕生し、そこから東征をなさるということが、現実の物語としてあったと私は考えています。

こうした神武天皇の存在を歴史としっかり結びつけ、その実在性を明らかにすることが日本の歴史の中核になるといえるでしょう。

◉転々とした神武天皇陵

神武天皇陵は、文久三（一八六三）年に治定《じじょう》され、数回改修されています。『聖蹟図志』の「畝傍山四辺諸陵図」によると、四カ所に存在したことが知られています。つまり、神武天皇陵は転々としていたということです。

明治三十一年になって、山本村神武田《じぶでん》に存在した小古墳を取り込み、現神武天皇陵が造営されました。『古事類苑《こじるいえん》』によると、八角形の石垣を基本とした工事で、護岸なども施された径約三十三メートル、高さ約六メートルの規模だったそうです。橿原遺跡の周辺には縄文時代、弥生時代、古墳時代の複合遺跡があり、特に縄文時代は近畿地方の有数な標準遺跡となっており、標式遺跡とされています。

一章で説明したように、神武天皇以降は「欠史八代」といわれ、墓が確定していません。すでに宮内庁は墓を治定しているはずですが、それはおそらく「仮」で、確定した場所とはいえないでしょう。第十代の崇神天皇までの、墓も神社もない天皇の時代を考えることは、日本の歴史を考える上でも重要なことです。

第四章で詳述するように、私は箸墓古墳は崇神天皇陵だと考えていますが、箸墓古墳が崇神天皇陵としてつくられたのはだいたい二五〇年頃ということが、さまざまな科学的な分析でわかっています。

そして崇神天皇は、神武天皇と同じく「御肇國天皇《はつくにしらすめらみこと》」と呼ばれています。つまり初めて国を統《す》べる、統治する天皇という意味で、このことから、大和王朝は崇神天皇が改めて始めたと考えられるわけです。

◉橿原遺跡から出てくる土器は関東・東北のもの

橿原の地に、縄文時代の典型的な様式の遺跡があることに着目しましょう。橿原遺跡から出土した土器は、縄文中期終末から晩期の後半に及びますが、その多くが晩期前半から晩期半ばのもので、全体の約七〇パーセントにあたります。

縄文時代は東国の時代、特に日高見国の時代です。ですから関東・東北から圧倒的に多くの土器が出てきますし、遺跡も九〇パーセント以上は関東・東北にあります。橿原遺跡から出てくる土器も関東・東北と似ているものが多く、全国各地から土器がもたらされた形跡があります。特に東北地方の小型深鉢、青森の亀ヶ岡系統の土器が、圧倒的に多く出土しています。奈良でつくられたものより、非在地系統の土器が全体の六〇パーセント以上になります。つまり東北の形式、東北系統の土器のほうが多いわけです。

それ以外にも、滋賀里Ⅱ式・Ⅲａ式、大洞Ｂ式といった滋賀県の様式も出てきます。滋賀は奈良の近くですが、いずれにせよ東からやって来たということがわかるわけです。

亀ヶ岡文化の影響力の大きさはまさに、西日本の遺跡の中で異色のものとして認識されるのです。また、橿原式文様をもった土器が山形県や福島県など東北地方南部の遺跡で発見され、南九州では橿原式文様を陽刻した骨角器が出土しています。

九州、中国地方、山陰、中部、北陸、関東、東北地方など全国各地にある土器の中で、一番多いのが東北の亀ヶ岡なのです。関西地方のものとまったく異なる土器があり、その数は圧倒的に東北あるいは関東のものが多いということです。

このことは、もう一人の神武天皇といってもよい饒速日命（ニギハヤヒノミコト）の存在が関係していると、私は考えています。それは、饒速日命の時代こそ、橿原神宮周辺は縄文晩期の遺跡や土器で溢れているからです。

いわゆる初代の神武天皇は饒速日命だったことから説明できるのです。『古事記』には、神武天皇が日向から天孫降臨に出発されるとき、非常に経験のある知識に富んだ塩土老翁（シオツチノオジ）という長老から、「東によい土地があり、そこに物部氏の祖先に当たる饒速日命が天磐船《あまのいわふね》に乗って天降っている。そこに行って都を創るとよい」と言われます。これは饒速日命がこの橿原にいたことを示唆しています。

ですから欠史八代とは、饒速日命以降の八代、つまり九代までは橿原地方を中心として大和を治めていた「第一の大和政権」といっていいと思います。

「神」という語がつけられている神武天皇と崇神天皇までの間の天皇は、名前だけがあって何をなさったか業績は書かれていません。これは知られていないということだろうと思われます。『古事記』はさまざまな資料を使って書かれたわけですが、神の名前だけ書いてその係累だけ記していくことにしたのでしょう。

◉神武天皇の東征をたどる

縄文時代からすでに大和時代が始まっていて、崇神天皇の前半に神武天皇の東征があったのではないかと考えられます。そこで、東征については前章で述べましたが、ここでもう一度、畏友・吉重丈夫《よししげたけお》氏の『歴代天皇で読む 日本の正史』(錦正社)を参考にしながら、あらためて神武天皇の東征を分析していきたいと思います。

塩土老翁がいう「饒速日命がおられる東のよい土地」とは、まさに橿原を中心とした大和のことで、いったん鹿児島に来た高天原の軍勢、つまり東国の軍勢は、宮崎の日向から発ちました。

この「日向」という言葉も、単に宮崎の海岸の風景を指しているわけではなく、日に向かうという意味で、日とは高天原のこと、太陽が昇る場所という意味で「日向」

と名が付いているのです。神武天皇の即位が紀元前六六〇年で、四年ぐらい経て大和に行かれるわけですから、おそらく紀元前六六四年頃に出発されたのでしょう。

ちなみに、神日本磐余彦命（カムヤマトイワレヒコノミコト）つまり神武天皇は瓊瓊杵尊（ニニギノミコト）の曽孫で、父は彦波瀲武鸕鷀草葺不合命（ヒコナギサタケウガヤフキアエズノミコト）、母は豊玉姫命（トヨタマヒメノミコト）の妹の玉依姫命（タマヨリヒメノミコト）です。

神武天皇は兄の五瀬命（イッセノミコト）と共に日向から東征に出られるわけです。このとき、漁師の珍彦（ウズヒコ）が水先案内を申し出、椎根津彦（シイネツヒコ）という名を賜りますが、天皇から名を賜ることは最高の名誉だったわけです。

宇佐に着くと、宇佐の国造《くにのみやつこ》の先祖である宇佐津彦・宇佐津媛が神武天皇、つまり磐余彦をもてなしてくれます。そして宇佐津媛を侍臣の天種子命（アメノタネコノミコト）に娶《めあわ》せます。この天種子命というのは、中臣氏の祖です。天種子命は瓊瓊杵尊の天孫降臨に際し、太玉命（フトタマノミコト）や天鈿女命（アメノウズメノミコト）などと共に随行した天児屋命（アメノコヤネノミコト）の孫で、これがまた非常に示唆的です。

というのは、この九州の宇佐に、まさに関東の人がいたということだからです。つまり天孫降臨をされた人たちの、二代後の子孫たちがここにいたということで、九州もまさに高天原系の人々が住んでいたのです。宇佐は、のちに有名な宇佐神宮ができるところです。これは天皇家、つまり皇統の神社になりますが、天児屋命の孫がこの宇佐にいたということです。

そして十一月九日に筑紫国の岡水門《おかみなと》、今の遠賀川《おんががわ》の河口に着きます。十二月二十七日、安芸《あき》国の埃宮《えのみや》（現在の広島県安芸郡府中町）にある多家《たけ》神社に入ります。この間は抵抗もないため戦争はしていません。そして皇紀前六年三月六日、吉備国に遷り行宮《かりみや》高島宮をつくって入るわけですが、これは『古事記』『日本書紀』の行程をたどっており、やはり一つひとつの記述が現実にあったということを感じさせます。

神武天皇の東征は、戦後はなかったかの如く、あるいは神話としてつくられたものの如くいわれるわけですが、この一つひとつの行程を見ると非常に現実的です。

皇紀前三年戊午《ぼご》の二月十一日、皇子軍、つまり磐余彦（神武天皇）の軍は東に向かって出発しますが、潮流に恵まれて非常に速く着いたため、その地を波速国《なみはやのくに》と名づけました。これが今の難波になります。

三月十日、川をさかのぼって河内国草香邑《くさかのむら》（日下）の青雲《あおくも》の白肩津《しらかたのつ》に着きます。白肩津は河内国の北部（現在の大阪府東部）にあった潟《せき》で、今の河内平野です。四月九日、皇子（磐余彦）軍は兵を整えて生駒山《いこまやま》を越え、内国に入ろうとしますが、孔舎衛坂《くさえのさか》で饒速日命に仕える長髄彦（ナガスネヒコ）の軍と戦いになり、敗れます。この戦いで兄の五瀬命が矢傷を負い、亡くなります。

ここで磐余彦は、「日御子《ひのみこ》が太陽に向かって戦ったのが間違いだった」と悟りますが、日御子とはつまり太陽の子供、天照《あまてらす》の子孫ということです。そして東征軍は紀伊半島を熊野のほうに向かうわけです。

◉饒速日命と長髄彦の関係

兄の皇子である五瀬命を討つくらい強い軍勢を率いた長髄彦とは、どういう人だったのでしょう。

皇子軍は長髄彦によって初めて抵抗を受けるわけですが、饒速日命は天磐船に乗って降りられた方です。長髄彦は、饒速日命がこうした別のかたちで天孫降臨をなされた天照の子孫であるということを知っていたわけです。この長髄彦は地方の豪族だといわれていますが、なぜ戦争をする必要があったのでしょうか。神話の話を歴史に置き換えて見てみましょう。

長髄彦は饒速日命と組んではいますが、一人ででも抵抗する理由があったのではないかと推理できます。饒速日命が天照に命じられて天孫降臨をした三代目の御子だということを知っているけれども長髄命は抵抗し、最後は饒速日命に殺されてしまうわけです。このことの意味を考える必要があります。抵抗の理由は書かれていませんが、それを調べる必要があるわけです。

古代史研究者の宝賀寿男《ほうがとしお》氏は、『「神武東征」の原像〈新装版〉』（青垣出版）にこう書かれています。

《記紀は長髄彦の出自についてなんら記述しないが、鈴木真年翁は、『醜類ニ非ス』

として、『大和国城上郡登美ノ人、長髄モ同所ノ邑名、飛鳥事代主神ノ子』と記される（『史略名称訓義』）。真年翁の記述の根拠は不明であるが、傾聴すべき見解と思われる。

これに関して、丹後宮津藩主の本荘氏に伝わる有道宿祢姓の系譜（『本荘家譜』）には、饒速日命の子の宇麻斯麻尼足尼命《うましまにのすくね》（ウマシマチのこと）の右註に「母飛鳥大神之女登美夜毘売」と記されるので、その根拠になろう。これらの記述によると、長髄彦は事代主神の子で、磯城の三輪氏一族の族長だったということになる。太田亮博士も、早くに『磯城彦は即ち三輪氏に外《ほか》ならず』と指摘していた（『姓氏家系大辞典』シキ条）。

そうすると、兄磯城・弟磯城のうちで珍彦の計略が奏功して斬られたほうの兄磯城も、長髄彦かその近親を指すことになり、それは磯城郡の居住地にも対応する。「記紀」の兄磯城が長髄彦にあたるとしたら、兄磯城に関する記述には混乱があるが、近親の別人であれば問題がない。一方、神武に降伏した弟磯城の名は黒速《くろはや》で、建国後の論功行賞で磯城県主に任ぜられたとされるが（神武紀二年条）、この人は三輪氏の系図に天日方奇日方命《あめのひかたくしひかた》（またの名を櫛御方命《くしみかた》、鴨主命）と記される者に対応する。この女性が事

代主神の娘であったことは、『日本書紀』神代第八段（宝剣出現）の一書第六に見える》

つまり、神武天皇が大和に侵入したとき、饒速日命とは違った人々がいたということです。彼らは一応、饒速日命に仕え、婚姻関係を結んではいるけれども、そこに侵入してきたことに対して非常に強い抵抗感をもっていたのです。その国家は部族連合体で、磯城の三輪氏族が主体となっていました。

◉大国主命の国譲り

これはどういうことでしょうか、『古事記』『日本書紀』の記述をたどりながら一つの歴史を考えてみると、大国主命（オオクニヌシノミコト）のいる出雲に向かって高天原から「国を譲れ」という詔《みことのり》が発せられたのと同じ命です。

何度か使いを出しても話が立ち消えになるなど、延ばし延ばしにされるわけですが、最後に建御雷神（タケミカヅチノカミ＝武甕槌神）という高天原の剣豪が天照の命によって送られたとき、事代主神（コトシロヌシノカミ）が出てくるわけです。

譲ってもいいという事代主神（つまり大国主命の息子で建御名方神の兄＝タケミナカタノカミ）のもとに、最後に剣豪を送るわけです。『古事記』によると、次の通りです。

建御雷之男神が大国主に向かって、「事代主神がこのように申したが、ほかに意見を言う者はいるか」と尋ねました。すると大国主は、「わが子の建御名方神がおります。それ以外にはおりません」と申し出ます。そうしていると建御名方神が手の先で大岩を差し上げながらやって来て、「誰だ、俺の国に来てひそひそ話をしているのは？力比べをしようではないか。まず俺がお前の手を摑《つか》んでみよう」と言いました。それで建御雷之男神が手を摑ませると、たちどころに火柱に変化し、さらに剣の刃に変化します。それで建御名方神は恐れをなし引き下がります。

今度は建御雷之男神が建御名方神の手を摑むと、葦の若葉を掴むように握りつぶして放り投げられたため、建御名方神は逃げ去っていきます。

それを追いかけて行った建御雷之男神は、建御名方神を信濃の国の諏訪湖まで追いつめ、殺そうとします。建御名方神は「恐れ入りました。殺さないでください。私はこの諏訪からはどこにも行きませんし、父の大国主命の命令に背きません。事代主神の言葉にも背きません。この葦原中津国は天津国の御子のお言葉に従って奉ります」と言って謝りました。

これで国譲りが完結するわけですが、その一派がまだ大和にいたということです。つまり国は譲ったにせよ、従った事代主神（コトシロヌシノカミ）たちはまだ生存しているわけで、大国主命の一派の人々やその係累が、現実に大和にいたのです。これは、三輪山というところに大国主命がおられるといってもいいでしょう。今は三輪神社がある三輪山に、大国主命を祀っています。

その三輪山は、蛇が神でもあります。「おむなじのかみ」あるいは「おおしろのかみ」と名前を替えてはいますが、それは結局大国主の子孫だと考えられます。

いずれにしてもこの国譲りの神話は、神武天皇が来られる前にあった出来事でした。

◉諏訪に連れて行かれた建御名方神

第十代崇神天皇が、三輪山の周辺の纏向遺跡の辺りに住まわれていたということがわかっています。この地域には箸墓古墳がありますが、長髄彦はこの地域の豪族だったため、纏向遺跡の辺りを守ろうとして抵抗したということがわかります。この長髄彦の存在で、崇神天皇と神武天皇が結びつくわけです。長髄彦は、まさに纏向遺跡の一帯である大和国を統治しようとした勢力に対して抵抗したのです。

饒速日命はすでに橿原古墳、橿原の遺跡がある辺りにおられたわけで、そこには長い間饒速王朝、つまり第一の大和王朝があったといっていいでしょう。

いずれにしても、戦いに勝利した東征軍は建御名方神を諏訪に連行して行きます。ついでにいえば、建御名方神が諏訪に行ったといっても、諏訪という土地が特別なところだったというわけではありません。そこまでが日高見国であったということです。日高という地方は、日高見の日高ですから、中部地方がほとんど日高見国の領土、あるいは日高見国に属していたということが予想されます。

こうして建御名方神は諏訪に連れて行かれ、結局、東国の人になりました。つまり日高見国の一員になった、高天原の一員に加わったということです。

面白いことに、鹿児島には建御名方神、つまり諏訪の神様の神社がたくさんあります。建御名方神は日高見国に属したために、高天原の軍勢として船で鹿島から鹿児島にやって来て、それで鹿児島に住み着いたわけです。それが鹿児島の建御名方神社の由来ということです。

長髄彦の存在によって、纏向遺跡の崇神天皇がそこを中心にして都がつくられ、それに次いで藤原京、そして平城京が造立されていくことになります。

◉物語を現実の話に置き換えてみる

東征について、さらに見ていきましょう。東征軍は「太陽を背にして」大和国に進軍します。「太陽を背にして」とは、第二章でも説明したように、日高見国勢に加勢してもらって大和国、つまり長髄彦の軍を討つということです。

饒速日命はすでに国を譲ることが確定しているといってもいいですが、ただ、三種の神器をもっているかどうかを確かめた上で決めようとします。

そこまでの経緯を見ると、いわゆる東征軍は紀伊半島の熊野に廻り、五月八日、東征軍は茅淳《ちぬ》（和泉《いずみ》の海）山城水門の港に着きます。その間、矢傷を負った兄の五瀬命は船中で薨御《こうぎょ》したため、竈山（現在の和歌山市、竈山神社）に葬ります。

六月二十三日、東征軍は名草邑《なぐさむら》（和歌山市冬野宮垣内の名草神社）に着き、名草戸畔《なくさとべ》という女賊を誅《ちゅう》しました。その後、東征軍は再び海路を進みますが、暴風に遭ったため船が進まず、兄の稲飯命（イナイノミコト）が剣を抜いて海に入って鎮め、鋤持《さいもちの》神《かみ》となります。さらには兄の三毛入野命（ミケイリヌノミコト）も波頭を踏んで常世《とこよの》国《くに》に行きました。

残された磐余彦は、皇子（長男）の手研耳命（タギシミミノミコト）と軍を率いて進み、熊野の荒坂津《あらさかのつ》（新宮市の熊野荒坂津神社）に着き、そこで丹敷戸畔《にしきとべ》という女族を誅します。このとき敵は毒気を吐いて東征軍の兵を萎えさせたといいます。天照大神はそれを天上からご覧になり、高倉下（タカクラジ）に剣を授け、皇子（磐余彦）に渡します。それで皇子も兵士も力を得て目醒めたといいます。

この辺りの記述も非常に現実的で、すでに東からの軍勢が送られているということがよくわかります。「毒気を吐いた」というのは、毒を食事に混ぜたのでしょう。軍勢ですから各地で食料を徴用していくため、それに毒を混ぜられたと考えられます。細菌戦のようなものでしょう。誅された女性は毒を食物に入れたのだと想像できます。

伊勢の辺り、名古屋、美濃など三重県周辺はもう東に属しています。そうした東海の軍勢を呼んで助けてもらったということが推測されるわけです。高倉下というのもそういう人物だったのでしょう。

◉繰り返される「国譲り」の物語

東征軍勢はさらに進んで険しい山に入りますが、路がなくなったため、天照大神は八咫烏《やたがらす》を遣わし、ついて行くよう指示します。そこで大伴氏の祖である日臣命（ヒノオミノミコト）が大来目（オオクメ）を率いて東征軍の先頭に立ち、山を越え宇陀の下県《しもつこおり》に着きます。この日臣命という大伴氏の祖は、褒美としてここで「道臣《みちのおみ》」という位、名をいただくわけです。

八月二日に宇陀県《うだのあがた》に着き、そこの頭目である兄猾（エウカシ）と弟猾（オトカシ）

を呼びますが、弟猾は来たものの兄猾は来ません。兄は皇子の行く手に罠を仕掛けていたのですが、弟猾がそれを知らせます。そのため兄猾は道臣に追い詰められ、自分が罠に落ちて死んでしまいます。

十月一日、八十梟師《やそたける》を国見丘《くにみのおか》（桜井市）で斬ります。

十一月七日、皇子は磯城《しき》の県主《あがたぬし》・磯城彦（シキヒコ）を攻めるために、兄磯城（エシキ）と弟磯城（オトシキ）を呼びます。これも先ほどと同様、弟磯城は来たものの兄磯城は来なかったため、攻め滅ぼします。

この辺りも非常にリアルです。地元の大和にいた事代主神、あるいは大国主命系の人たちを一人ひとり攻撃していく様がよくわかります。

そして十二月四日、再び長髄彦との戦いになります。戦闘中に、金色の不思議な鵄《とび》が皇子の弓の先に止まり、長髄彦軍は鵄に眩惑《げんわく》され、戦えなくなります。金鵄勲章《きんしくんしょう》で知られる鵄という鳥は、相手の力を無にする力をもっていたというわけです。

そこで長髄彦は使いを送って、皇子に「昔天神の御子・櫛玉饒速日命が天磐船に乗って天降られました。この人は私の妹・三炊屋媛（ミカシキヤヒメ）を娶り、可美真手命（宇摩志麻遅命：ウマシマデノミコト）が誕生しました。私は櫛玉饒速日命を君として仕えています。どうして天神の子を名乗って人の土地を奪いに来るのですか。天神の子は二人おられるのですか。思うにあなたは偽物でしょう」と奏上します。

そして長髄彦は矢と歩靫を見せますが、磐余彦も同じものを見せたため長髄彦は畏れ入り、戦いをやめます。饒速日命は長髄彦を斬って磐余彦に帰服します。饒速日は長髄彦の妹・三炊屋媛を娶って物部氏の祖である息子・可美真手命をもうけていました。つまり饒速日命の後裔が物部氏ということです。

『古事記』によると、可美真手命ははじめ長髄彦に従っていたものの、神武天皇の東征に際して長髄彦を殺して天皇に帰服し、以後は自らの部族である物部を率いて天皇守護に就いたのです。

こうした経緯を見ると、饒速日命のほうが畏まって、天照から送られた磐余彦の一行を受け入れ、国譲りをしています。これもちょうど出雲の大国主命が国を譲ったのと同じ経緯を辿っていることがよくわかります。そしてそれに抵抗するのが、大国主命の息子であったように、長髄彦もまた大国主命の息子の事代主神だということになると、ちょうどその国譲りの神話を繰り返したということでもあります。

◉饒速日命と神武天皇の橿原

さらに東征の続きを見てみましょう。

翌年の己未《つちのとひつじ》二月二十日、帰順しなかった添県《そえあがた》の新城戸畔《にいきとべ》、和珥《わに》（天理市）の居勢祝《こせのはふり》、長柄の猪祝《いのはふり》の三カ所の豪族を滅ぼします。

そして三月七日に橿原で建都の令、詔第二八詔「六合開都、八紘為宇」を発し、橿原神宮に都が開かれたことを宣言します。

そのなかで磐余彦（神武天皇）は、饒速日命がおつくりになった橿原について語っています。ですから「橿原」という言葉で、たしかに饒速日命がおられた所とわかりますが、神武天皇の都は、実をいえば長髄彦のいた所でもあるわけです。

それはちょうど崇神天皇が現れた所、つまり纏向地域です。ですから纏向遺跡があったと置き換えればいいわけです。「橿原」と言ったとき、饒速日命の都を思い出しているとと考えられます。

皇紀前六六一年、つまり皇紀二六〇〇年（紀元前六六〇年）に橿原の都をおつくりになったのですが、橿原の都には神武天皇の来られた場所を示す神宮も社も墓もないわけです。しかし年代はここで変わったということが確かに書かれているわけですから、饒速日命がそこにおられたということと重ねているわけです。

つまり神武天皇がここまで来られたことは、もともと崇神天皇がお住まいになっている所は長髄彦が住んでいた所だったということで結びつくわけです。

◉初代天皇の誕生＝皇紀の誕生

私は、神武天皇（磐余彦）が大和に着かれたのは紀元後一八〇年くらいだろうと考えています。箸墓古墳が崇神天皇の墓とすると、ちょうど二五〇年頃だと測定できますから、そこから計算すると一八〇年前後にここにお着きになったとなるわけです。

そして纏向遺跡、纏向の地帯にまずは都をおつくりになった。

神武天皇の存在はこうした形で明らかにされます。どの学者も崇神天皇以降は存在したと認めているわけですから、こことつなげることによって初めて神武天皇の存在が明らかになります。

饒速日命の年代と合わせるのが原則でしたから、饒速日命が第一の神武天皇といってもいいでしょう。第二の神武天皇、崇神天皇の前半が存在すると考えれば、東征の記録の現実性が高くなるので、神武天皇の存在が明らかになると思います。

皇紀元年は、現実に饒速日命がお着きになった年なのです。そういう記憶が「記紀」の作者たちにはあったということです。

初代天皇、神武天皇の誕生は、同時に饒速日命の誕生を語っていることになります。

◉百二十六代までの天皇すべてがつながっている

「記紀」が書かれたのは七世紀の終わりから八世紀前半ですから、やはり記憶の薄れと同時に、記録の調整があり、正確か不正確かといえば不正確です。歴代天皇について説明する段になって、饒速日命という存在をある意味、ないものにしていたところから来た調整だろうと思われます。

饒速日命から始まった、と最初からいうべきでしょうが、やはり神武天皇を先に出したため、この欠史八代の存在が長い間、別の天皇の存在を示唆させたのです。葛城王朝は別にあるという説もありますがそうではなく、やはり饒速日命の王朝を同じ天皇として見たということになるだろうと思われます。

神武天皇は皇紀七六年に在位七十六年、百二十七歳で崩御されます。「記紀」には、陵は奈良県橿原市大久保町の「畝傍山東北陵《うねびやまのうしとらのすみのみささぎ》（山本ミサンザイ古墳）」と書いてあるわけですが、これは何度もいうように確定できない、見出すことができない墓です。

こうした「記紀」に書いてあることと現実の大和の在り方との齟齬《そご》は、年代があいまいになってしまったということで、饒速日命の場合は記憶がなくなってしまったため、橿原に縄文遺跡をはじめそれ以後の遺跡があるということに合わせて書いたのだと思います。

年代の齟齬も物語も、記憶の中で同一化してしまったのです。その記憶を年代記の中でいかに築いていくか、クロニクルな年代と東征という記憶が、紀元前六六〇年から一八〇〇年頃の約八百数十年という長いスパンを跳躍させたと考えることができます。神武天皇はしっかりと存在していたのですが、「記紀」に書かれるときに、饒速日命という存在を書かなかったために飛躍してしまったということです。

しかしいずれにせよ、饒速日命は天皇であられるわけです。つまり日本は百二十六代天皇が続いているわけで、これもやはり「皇尊」として同一名で存在しています。日本の天皇がいまだに名前だけしかないということは、天皇という存在は一貫してあるということです。つまり皇統というのは同一人物であるということなのです。

大嘗祭《だいじょうさい》の世継ぎの儀式の中で、天照大神、伊勢神宮に向かって新しい天皇が常に、天照の同一人物であるという儀式をされます。

神武天皇の存在は、饒速日命という存在でわかりますし、同じ「神」の名が付いた崇神天皇、つまり第一代と第十代の「御肇国天皇」が同一人物になるということはそのようなことと一致しているのです。

第四章　箸墓古墳は崇神天皇陵だった

◉箸墓古墳と崇神天皇の関係

さて、崩御された崇神天皇＝神武天皇はどこに葬られたのでしょうか。

『古事記』第十二代景行《けいこう》天皇の条で、熊襲《くまそ》襲撃にヤマトタケル＝小碓命《おうすのみこと》を派遣することになりますが、その小碓命は《私は纏向《まきむく》の日代宮で日本を治めになっている景行天皇の子》と自己紹介し、この「まきむく」をお治めになっている、といいます。これは第十代の崇神天皇以来、纏向に住んでいたことにほかならない、といっていいでしょう。そこに箸墓《はしはか》古墳があるのです。

では、箸墓古墳が崇神天皇陵であった、という結論に至る過程を述べていきます。

箸墓古墳ほど、話題にされている古墳はありません。最初の巨大古墳ということで、卑弥呼の墓ではないかといわれ続けていますが、いつまでたっても「ではないか」に留まり続けています。証拠がないからです。

考古学において、二〇〇〇年代から放射性炭素年代測定と年齢年代学による年代設定が可能になり、新たな検証の道が拓《ひら》けました。纏向遺跡と箸墓古墳における、土器の放射性炭素の測定により、まさに三世紀の大和地方に初期国家が成立していることが明らかになったのです。すでに大陸から大和地方に交通路が存在していたことも、明らかとなりました。

邪馬台国の卑弥呼の墓を否定することも可能になって話題になったのですが、すでに多くの識者が『魏志倭人伝』の虚構性を指摘し、私も「邪馬台国」の現実的存在の不可能性を論じています。この『魏志倭人伝』以外、なんの日本文献も現れていませんし、具体的な遺跡が発見されていないからです。歴史家のプロの立場からいえば、その存在はないといっていいのです。

そこで、この古墳が大和王朝の最初の巨大なものであることで、これが崇神天皇の陵《みささぎ》である可能性が考えられます。

箸墓古墳、箸中山《はしなかやま》古墳は、形状は前方後円墳、宮内庁により「大市墓《おおいちのはか》」として第七代孝霊天皇皇女の倭迹迹日百襲姫命（ヤマトトトヒモモソヒメノミコト）の墓に治定《じじょう》されています。百襲姫の陰部に箸が突き刺さり、絶命したことが名前の由来です。

『日本書紀』によれば、百襲姫命について、次のように書かれています。

国内に疫病が蔓延《まんえん》し多くの死亡者が出ます。翌年の崇神天皇六年には農民は流離し、叛《そむ》く者も出始めたため徳では治め難くなってきます。天皇は朝な夕な神に謝罪し祈りました。《天照大神・倭大国魂の二神を御殿内に祀っていたが、天皇は神の勢いを畏れ、共に住まうのは不安》になり、天照大神を娘に託して、御殿の外の笠縫邑《かさぬいのむら》に祀ります。これが、「皇居外に皇女（斎宮）が仕えて天照大神を祀る」という伊勢祭祀の発端となったといわれています。

しかし、これでも疫病は消えませんでした。天皇がお悩みになっているところ、三輪山の神「大物主《おおものぬし》」が倭迹迹日百襲姫命にのりうつり、天皇の夢枕に立って「自分の子孫の大田田根子《おおたたねこ》に我を祀らせよ。国は平らかになる」とお告げを伝えました。それでやっと疫病は終息します。

百襲姫命にのりうつって一体化した大物主が、大田田根子に自分を祀らせるようにいっています。しかし考えてみれば、こうした百襲姫命が崇神天皇をさしおいて最初の巨大な古墳の主になったとは考えられないと思われます。何かの誤解によるのではないでしょうか。

◉日本における「箸」の意味とは

百襲姫の陰部に箸が突き刺さり絶命した、とありますがそれが木製の箸だとは考えにくいでしょう。

児童教育研究家の一色八郎氏によると、日本で一膳の「唐箸」を食事に使い始めたのは五世紀頃だといいます。仏教とともに百済から伝来し、朝廷の供宴儀式で箸を採用したのは聖徳太子です。六〇七年に遣隋使として派遣された小野妹子一行が持ち帰った箸と匙をセットにした食事作法を取り入れたそうですが、文献や出土品からは確認できていません。

箸だということが確実視されている日本最古の箸は、七世紀後半の板蓋宮《いたふきのみや》跡および藤原宮跡からの出土品です。

一方、蒔絵師でもある東京藝術大学の三田村有純《ありすみ》教授は『お箸の秘密』（里文出版）

で、六千年前の縄文時代の遺跡からも棒状の漆器が発見されており、これが日本最古の箸であると主張しています。縄文人は縄文土器を使って鍋もののような料理を頻繁に食していた痕跡があり、取り分けるために使用した大型の匙は見つかっていますが、個人が使用する小型の匙は見つかっていません。

日本人が食事に小型の匙を用いるようになったのは、西洋化の進んだ近代以後であり、土器を使い始めた時期から熱い椀から素手で直接食事をとるわけにはいかず、箸は縄文時代から日本人に必要不可欠なものだったと推測されています。

弥生時代末期の遺跡からは、一本の竹を折り曲げ、ピンセット状の形にした「折箸」が発見されていますが、食べ物を口に運ぶためではなく、神に配膳するための祭祀・儀式用の祭器として使われたものであろうといわれています。

歴史書の『三国志』の巻三十「魏書　烏丸鮮卑東夷伝」にある、いわゆる邪馬台国（三世紀の日本）においては、「食飲用籩豆《へんとう》手食」と手で飲食していると記述されていますが、籩豆と書かれているので事前に準備されて高坏《たかつき》に盛られた宴会用の冷えた料理のことだと考えられます。現在でも、日本では寿司などを飲食する際に手摑みで食べる習慣が残っています。

◉百襲姫は本当に箸によって死んだのか

　このような箸の歴史を見ても、箸によって死ぬということ自体、百襲姫命にとって名誉なことではありません。それも第七代孝霊天皇皇女の倭迹迹日百襲姫命（ヤマトトトヒモモソヒメノミコト）の墓に治定《じじょう》されているだけであって、その理由もわからないのです。この治定は、否定されてよいと思われます。

　倭迹迹日百襲姫命とは、『日本書紀』では崇神天皇の祖父孝元天皇の姉妹で、「大市墓」の大市（箸中古墳群の盟主的古墳）は古墳のある地名です。

『古事記』では、夜麻登登母母曾毘売命（ヤマトトモモソビメノミコト）です。前述したように、百襲姫の陰部に箸が突き刺さり絶命した、という説話が墓の名前の由来です。

『日本書紀』崇神天皇十年九月の条には、一般に「三輪山伝説」と呼ばれている次のような説話が載せられています。

倭迹迹日百襲姫命《やまとととびももそひめのみこと》は大物主神《おほものぬしのかみ》の妻となりますが、大物主神は夜やってくるだけでした。姫は夫に、「あなたは昼にはいらっしゃらず、いつも夜だけやってきますね。お願いですから昼間もしばらくいていただけないでしょうか。あなたの見目麗しいお姿を、私は昼間も見ていたいのです」とお願いしました。それに対して大物主は、「きみの願いはもっともだ。明日の朝、私はきみの櫛笥《くしげ》に入っていることにしよう。だが私の姿を見ても、どうか驚かないでほしい」と答えます。

大物主の不思議な答えを姫は怪しむものの、言われたとおり朝を待って櫛笥を見てみると、長さと太さが衣紐《きぬひも》くらいのたいへん美麗な小蛇《こおろち》がいました。姫が驚いて叫ぶと蛇は大物主になります。大物主は恥じて、「きみは我慢できずに私に恥をかかせた。私もきみに恥をかかせよう」と言って大空をかけ、御諸山《みもろやま》に登ってしまいました。姫はそれを仰ぎ見て悔やみ、その場に座り込んでしまいます。そして陰部を箸で突いて命を絶ってしまいました。死後、姫は大市に葬られました。そのため、人々はその墓を「箸墓」と呼ぶようになった、というのです。

◉箸墓古墳の築造年代

すでに述べましたが、箸墓古墳の墳丘周辺の周壕から出土した土器（土師器）は、考古学的年代決定論と、土器に付着した炭化物による炭素14年代測定法（自然の生物圏内の放射性同位体である炭素14の存在比率が一兆個につき一個のレベルと一定であることをもとにした年代測定方法）によって、三世紀中頃から後半のものとする説があります。

一方、炭素14年代測定法では、実年代より五十から百年程度古く推定されることが明らかになっています（現在、箸墓古墳は宮内庁により陵墓として管理されており、研究者や一般人の墳丘への自由な立ち入りが禁止されています）。

箸墓古墳は、前円部五段、後方部三段の撥形《ばちがた》をし、最後部は四段となっています。周辺の纏向遺跡の古墳が長い間に壊れていき、畑として開墾されていても、この古墳だけは築造期の姿を留めているのは、この古墳に対して守護しようとする敬愛の念が強かったからとしか考えられません。それは「はつくにしらすすめらみこと」の墓、少なくとも天皇陵として認識されていたはずです。

この纏向遺跡こそ崇神天皇が遷都された磯城瑞籬宮《しきのみずがきのみや》があるところです。第九代とされる開化天皇の宮は、奈良の北の春日の地とされていますので、この地は新しい天皇にふさわしいと思われます。ここは計画都市で、規模も当時の日本列島で最大です。導水施設や祭祀施設もあって、天皇の都となっているのです。その居住空間の周辺に箸墓古墳があるのです。鉄器生産も行われていました。

さらに重要なのは、箸墓古墳の後方部が北側の纏向のほうに向いている点です。つまり、新たな大和朝廷が纏向遺跡地方だと考えると、最初の大王＝天皇の墓が正面に見える、ということです。纏向の地域において、その巨大な墳墓は、まさに天皇という地位にあって君臨していたことになります。

しかも時代的にいって、これが第七代孝霊天皇皇女の倭迹迹日百襲姫命（ヤマトトトヒモモソヒメノミコト）の墓となれば、三世紀中頃という年代には合いません。崇神天皇の即位が三世紀前後と考えても、第七代の孝霊天皇は紀元前六六〇年に即位された初代神武天皇＝饒速日命の王朝の第七代としても、この年代よりかなり以前のことであるはずです。

この墓の誤った治定は、人々の天皇陵に対する関心が薄れた時代において、陰部に箸が突き刺さって絶命したという、好奇心をそそる伝聞が百襲姫の名前を残し、その言い伝えを名にしたからであろうと推測されます。

また、築造について『日本書紀』には、昼は人がつくって夜は神がつくったとあります。昼に大坂山から墓に至るまで、人々が列をなして並んで石を手渡しで運んだそうです。それを見た時の人が、「大坂に　継ぎ登れる　石むらを　手ごしに越さば越しかてむかも」という歌を歌ったと記されています。

この記述は、悲劇的な死に方をされた百襲姫のために、巨大な古墳をつくる理由としてふさわしいとは思われません。

それよりも、古墳を作成した集団である土師《はじ》氏の墓、つまり土師墓から箸墓になったという土橋《つちはし》寛《ゆたか》同志社大学名誉教授の説のほうが、蓋然性《がいぜんせい》があるのではないでしょうか。

◉橋本行燈山古墳が崇神天皇の古墳とされたのは江戸時代末

一方、現在、崇神天皇陵とされているのは、天理市柳本町にある行燈山古墳《あんどんやま》です。しかし、この古墳が崇神天皇の古墳とされたのは江戸時代の末の慶応元（一八六五）年のことで、江戸時代初期までは、景行《けいこう》天皇の古墳とされたりして確定されていませんでした。

《この箸墓古墳がなぜ初代の大王墳であり、その出現によって初期大和政権が成立したと言えるのだろうか。それは、箸墓以前に全国各地に築かれた弥生時代の墳丘墓と比較すれば、容易に理解出来る。弥生時代の各地に墳丘を持つ首長墓が築造されるのは、紀元前三世紀から後二世紀頃。中国地方から関東地方にかけては、周囲に溝を巡らせた方形周溝墓や方形台状墓が、日本海沿岸には出雲を中心にヒトデのような形をした四隅《よすみ》突出型墳丘墓が、北部九州には基本的には墳丘は持たない甕棺《かめかん》墓《ぼ》が造られている。各地の首長たちがバラバラの形態の墳墓を築いていたということは、全国を統一する中央政権というものが存在しなかった事実を物語っている。
それらの弥生の墳丘墓の中で最大の遺跡は、同時代後期に造られた岡山県倉敷市の楯築《たてつき》墳丘墓である。直径約四十㍍の……》（矢澤高太郎『天皇陵の謎』文春新書）

◉箸墓古墳から出土した土器の由来

発掘された土器は大和でつくられたものではなく、ほかの地方から移入されたものが多く、その半分は東海系のものです。残りは河内や近江、山陰、阿波地方で、吉備《きび》は少ないといいます。

いずれにせよ、東海系が多いということは、この古墳の主が東国から来たことを示し、そのことはまさに崇神天皇の系譜が、東国の日高見国《ひたかみのくに》系であることと呼応します。

茶臼山《ちゃうすやま》古墳の北からは、多量の土木用の木製品とともに大型の甕《かめ》類が出土し、その大半が東海系のS字状口縁甕でした。これは埋葬者の出身地を表していると考えられますし、茶臼山古墳の築造も同様のことがうかがえます。

また、纏向遺跡の出土品の特徴は、大量の土器類であり、なかでも一番多いのはS字状口縁甕と呼ばれる東海系の土器で、搬入された土器の約半分にも及びます。あとは北国からは、北陸・月影式土器、東は相模地方のものも含まれています。西日本では山陰、讃岐《さぬき》、四国の阿波式土器が来ていますが少ないですし、山陽・吉備はわずかです。

このことは、箸墓古墳を含め纏向遺跡全体が東国との関係が深く、それは単に、古墳をつくる人々が東国から来たということを指しているのではありません。つまり、古墳に葬られた人物の由来に関係しているはずです。

箸墓古墳の濠内では、馬具など馬をもつ階級の人々の使用品が出てきています。そして古墳の横には、「上ツ道《かみみち》」と呼ばれる、馬を走らせる直線の一本道があります。箸墓古墳の前円部を避けるようにカーブしているところもありますが、とにかく直線の道です。

また、纏向遺跡の「纏《まき》」は、『日本書紀』に使われていますが、そこでは、垂仁《すいにん》天皇の「纏向に都つくる。是を珠城宮《たまきのみや》と謂ふ」の「纏」につながり、その意味が「馬の飾り」であり、正確には竿《さお》の先に種々の形のものをつけ、その下に馬簾《ばれん》（厚紙や皮を細長く裁ち、飾りとして竿の周囲に吊り下げるもの）などをつけたもの（大修館『新漢和辞典』）とされています。

「纏」が、馬の「牧」と関連すると考えれば、ここに牧場が存在したと仮定できることになります。『日本書紀』に《初肇国天皇《はつくにしらすすめらみこと》》と書かれ、事実上の初代の天皇と考えられる崇神天皇の前後の時代から、馬がこの大和盆地に持ち込まれたと推測できます。『魏志倭人伝』で倭国には《牛馬無し》と書かれていますが、それは誤りであることは明らかです。

つまり崇神天皇はすでに東国に居住しており、日高見国地方から来た、西方の騎馬民族であったと考えられます。

◉「はしはか」とは造墓した集団の名前だった

土橋寛氏は、「はしはか」の言葉から「土師墓《はじはか》」の変化と考え、初代大王のために造墓集団として活躍した土師氏に由来する、と述べています。

初代大王の名は誰もが知っており、その墳墓も名前よりも「初代」とか、「始祖王」で通用していたことでしょう。以後の大王たちの名前が墳墓に残るのに、初代の名前が残りにくいのは、「誰にでも初代で通じるから」という理由があります。

そのため、箸墓古墳の被葬者の名前よりも、それまでの墓の面積で比べて数十倍、立体に直すと数百倍もの大王墓をつくった造墓集団の名前が後世に残ったと考えられます。それが「土師氏のつくった墓」＝「はじ墓」となるわけです。

これとは別に、初めて濠を階段状に配置して各段に土橋を築いたことから、橋をつくってまで大工事をした大きな墓として、橋墓が箸墓に変化したとも考えられます。行燈山古墳《あんどんやま》や渋谷向山古墳《しぶたにむかいやま》のような大型の前方後円墳は、周囲に階段状周濠をもっていますが、その最初が箸墓古墳であったから橋墓と名前がついたとしても、不思議ではないでしょう。

『日本書紀』垂仁《すいにん》天皇三十二年七月の条に、皇后・日葉酢媛（ヒバスヒメ）の逝去に際して天皇の次のようなエピソードがあります。天皇は弟・倭彦の逝去の際、その墓のまわりに穴を掘って、弟の死を悲しませるために奴婢《ぬひ》たちを入れました。奴婢たちは天皇の弟のために悲しまず、自らの不幸な境遇を嘆いて泣き叫びました。

そこで天皇は皇后の死にあたり、「弟のときのようなことを繰り返したくないが、何かよい方法はないだろうか」と言ったところ、それを聞いた一人の男が「私の田舎の出雲から土部《はじべ》百人を連れて来て、くさぐさの物をつくって奴婢の代わりに立てましょう」と言上します。天皇はそれを大いに喜び、以後、その男は朝廷の葬儀をとりおこなうことになったそうです。

これは埴輪《はにわ》の起源説話ですが、その男とは、当時最強といわれた当麻蹴速《たいまのけはや》と相撲をとって、彼を蹴り殺した勇者であり、そのまま都に留まっていた野見宿禰《のみのすくね》でした。

たしかに、崇神天皇は『古事記』に「山の辺道の、勾《まがら》の岡の上にある陵」とあります。普通に読むと、「上」とあれば、道より高いところに陵が存在するはずで、現在の山の辺道は両陵（現在の崇神、景行の天皇陵）より東の高い所を通過しています。

そこで、本来の山の辺道は両陵より低い西側を通過したものと考えると、この三輪山西麓で纏向遺跡を東西に二分する南北道が両古墳の西を通過することがわかり、これが本来の山の辺道であったと考えるほうが自然でしょう。

「日本最古の道」といわれる山の辺道が、自然に山裾を踏み固めた現在のルートのクネクネ道であれば、「記紀」にわざわざ道の名を明記するはずがありません。人工的に直線道路をつくって人間や物資を大量に運んでこそ、日本最古につくられた道路の名にふさわしいといえます。

まして、大和平野に入ってすぐに纏向地域に本拠を定めた大王家と、追随して来て同じく大和に入って布留《ふる》の地に本拠を定めたとみられる物部氏が、大和のみならず周辺の地を平定するのに、ともに兵を動かし統一行動を取るためには、布留と纏向(天理市と桜井市)とを最短距離でつなぐ必要があったのは、いうまでもないことです。

◉神武天皇の墓はどこか

最初につくられた山の辺道は、本来あった三輪山の西側の神聖なる地域と俗なる地域を分けるラインが北に延ばされたと考えられます。これが山の辺古道のはずです。

この道から約五百五十メートル西に、二番目の南北通路が築かれます。この道路こそ、のちに上ツ道と呼ばれる主要道路で、中世以降に上街道として京都から南部奈良を経て、長谷寺《はせでら》、伊勢神宮に向かう街道となった、いわれのある道です。

この道は、大王家の初代王墓の箸墓古墳から始まり、物部氏の初代族長墓ともいうべき布留地域最古最大の古墳である西山古墳の外堤の端に至る道です。

このように見ると、三輪山を中心におおよそ東西五キロ、南北二・五キロの範囲に神聖視される地域が存在したと考えられるのです。

こうして纏向遺跡は、三、四世紀に東日本をはじめ各地から人が集って来て一つの小さな都市を形成し、大和国家を建設しようとしたと考えられるのです。すると、その都市のなかの最大の前方後円墳である箸墓古墳は、箸墓ならぬ「はつくにしらすめらみこと」神武天皇の墓である可能性が高くなるのです。

この神武天皇陵を推測させる箸墓古墳は、この纏向遺跡という都市に存在していま す。この古墳から八百八十メートルの場所に纏向石塚古墳が発見されましたが（平成九年六月）、その建造年代は、出土した庄内０式から庄内３式の土器によって、三世紀初頭から中葉と推定されています。

さらに、この石塚古墳の北西百二十メートルの勝山古墳ではヒノキ材が出土し、それが三世紀初頭のものということが判明しました。同古墳の建築部材十点を年輪世代法で測定したところ、二〇三年から二一一年に伐採されたものという結果が出たのです。

つまり、この小都市は新しい天皇のもとにつくられ、すでにその都市の人々が埋葬された年代が二〇〇年前後となると、この都市が一八〇年頃に建設されたと考えてもいいのです。ちなみに、一八〇年は辛酉の年にあたっていると考えられます。

おわりに

二〇世紀最大の人類学者であるユダヤ人のレヴィ=ストロースは、日本の神話ほど神話と歴史をうまく溶け込ませているものはない、といっています。これは元から私が抱いていた「記紀」に関する考えを代弁しており、私の神話研究の座右の銘にしています。江戸時代の新井白石《はくせき》が述べる「神とは人なり」の考え方です。

戦中の平泉澄《きよし》氏（東大教授）のように、「記紀」をある意味で信仰の書として読むと、必ず津田左右吉氏（早稲田大学教授）のような左翼唯物論者（戦後は必ずしもそうではなかったのですが）から権力者である天皇家の意図的フィクションである、というような批判を受けてしまうのです。この津田説以後は、ほとんどの歴史家がこれに追従しています。

私は歴史学の観点から、日本の神話的記述を、縄文時代から起こった事実の連続を基礎にしていると見ていきたいと思っています。天武《てんむ》天皇の命を受けた「記紀」の編者たちが、白鳳時代（七世紀末から八世紀初頭）に、今では失われた記録、さまざまな人々の記憶による史実を元に、簡潔に記述したものと考えています。そして私はその分析を行っていこうと思います。

私は、本文でも指摘してきたように、「高天原」から「天孫降臨」された瓊瓊杵尊（ニニギノミコト）の行動を、関東・東北にあった日高見国から九州への、日本の西半分を日高見国に編入し統一するための試みである、という考えをもっています。饒速日命（ニギハヤヒノミコト）も同じように、天磐船《あまのいわふね》に乗って河内国に「天孫降臨」されていますが、それも、日高見国から船で向かったと考えており、その観点から分析を続けています（拙著『日本の起源は日高見国にあった』『天孫降臨とは何であったのか』。論文集としては『高天原は関東にあった』参照のこと。いずれも勉誠出版刊）。

第二章で述べましたが、日本の天皇の存在は、神武天皇からではありません。すめらみことの存在は、もっと前からあったと考えられます。天皇という言葉は、七世紀末の天武天皇の時代から使われ、八世紀の淡海三船《おうみのみふね》により各天皇に漢語名がつけられました。

私は最初の天皇は『古事記』における高皇産霊神（タカミムスビノカミ）と考えていますが、それは縄文時代のことです。「そんな証拠がないではないか」と多くの人がいうでしょう。しかし歴史は文献だけではないのです。考古学における、縄文時代の一貫した文化形成や遺跡の継続性は、人口が九〇パーセント以上いた中部、関東、東北、北海道にあったのです。有名な縄文遺跡、三内丸山はその一例です。

本文でもすでに引用しましたが、『日本書紀』の神武天皇の時代の最後の記述には、昔から天皇が統治する日本の国の特質を次のように語っています。次々とそれぞれの時代の天皇が詩的に国見をしておられるのです。

かつて、伊奘諾尊（イザナギノミコト）がこの国を名づけ、「日本《やまと》は心安らぐ国、よい武器がたくさんある国、すぐれてよく整った国」と言いました。

また、大己貴大神（オオアナムチノオオカミ）は、「玉牆《たまかき》の内《なか》つ国《くに》（美しい垣のような山々に囲まれた国）」と名づけました。

饒速日命（ニギハヤヒノミコト）は、天磐船《あまのいわふね》に乗ってこの国を見て天降り、「空見つ日本《やまと》の国（大空から眺めて、よい国だと選ばれた国・日本）」と名づけました。

伊奘諾尊（イザナギノミコト）から始まりますが、おそらく編者たちは高皇産霊の神（タカミムスビノカミ）から書きたかったにちがいありません。しかし、ここでは伊奘諾尊から始めています。

次に大己貴大神（オオアナムチノオオカミ）、すなわち大国主命です。素戔嗚尊（スサノオノミコト）の子孫です。

そして堂々と、饒速日命（ニギハヤヒノミコト）を挙げているのです。天孫降臨した瓊瓊杵尊（ニニギノミコト）だけではないのです。それだけ神武天皇は、饒速日命がご自分の前の天皇であることを意識されていたと考えられます。私のこの本における主題の一つが、まさにこれなのです。

ここで明らかに、日本の「すめらみこと」と認めています。なぜなら国見をされて、

《空見つ日本の国（大空から眺めて、よい国だと選ばれた国・日本）》と、天皇だからこそ語られているからです。

そして神武天皇については次のように記されています。天皇は十一年夏四月一日に巡幸し、腋上《わきかみ》の嗛間《ほほま》の丘に登って国のかたちを望見しました。そこで「なんと素晴らしい国を得たことだろう。狭い国ではあるけれども、蜻蛉《あきつ》（トンボ）がトナメ（交尾）しているように山々が連なり、囲んでいる国であるな」と言いました。このため秋津洲《あきつしま》という名になりました。

天皇のお言葉が、そのまま土地の名前になっていくのです。

ですから、七十六年春三月十一日、天皇は百二十七歳で橿原宮《かしはらのみや》で崩御《ほうぎょ》され、翌年秋九月十二日、畝傍山《うねびやま》の東北《うしとらのすみ》の陵《みささぎ》に葬られたと書かれたとき、そこに前代の饒速日命（ニギハヤヒノミコト）の崩御の記憶が重なっても、不自然ではありません。

無論、文献だけでは実証は困難です。橿原神宮周辺の遺跡の発掘によってそれは可能になるでしょう。

どの国にも、建国の日があります。自分の国家を思うとき、いつ建国されたか、という問題は、歴史家でなくとも考えるのは当然です。

今日では、世界はグローバルで、個々の国家などどうでもいい、という風潮が一般化しているようですが、一人の人間は、一つの場所でしか誕生できません。グローバリズムは、あたかも多くの国で、同じ人間が生まれているような錯覚を与えています。正直に考えましょう。一人の人間は、一つの国でしか生まれえないのです。

建国の日を、年月日や場所が詳《つまび》らかではないから、といって無視してはなりません。私は現在の二月十一日の「建国記念の日」を肯定しますし、橿原神宮を中心に執り行うことでいいと思います。重要なのは、この本で述べたように饒速日命（ニギハヤヒノミコト）を、神武天皇と同等にきちんと位置づけることです。

この本が日本の建国についてみなさんが考えるきっかけになれば幸いです。

令和三年睦月

田中　英道

主な参考文献

引用文献は本文内でカッコ《 》をつけて記したが、『日本書紀』『古事記』『先代旧事本紀』ほか原史料は読者が読みやすくなるよう、できるかぎり口語訳を試みた。

『古事記（上・中・下）』次田真幸全訳注、講談社学術文庫
『日本書紀（上・下）』全現代語訳』宇治谷孟訳、講談社学術文庫
『日本書紀㈠～㈤』坂本太郎・家永三郎・井上光貞・大野晋校注、岩波文庫

また拙論については、以下の書に詳しく論じているので参照願いたい。

『「やまとごころ」とは何か　日本文化の深層』ミネルヴァ書房
『高天原は関東にあった　日本神話と考古学を再考する』勉誠出版
『日本の起源は日高見国にあった　縄文・弥生時代の歴史的復元』勉誠出版（勉誠選書）
『天孫降臨とは何であったのか』勉誠出版（勉誠選書）
『日本国史　世界最古の国の新しい物語』育鵬社
『邪馬台国は存在しなかった』勉誠出版（勉誠選書）
『発見！　ユダヤ人埴輪の謎を解く』勉誠出版

『日本国史の源流　縄文精神とやまとごころ』育鵬社
『「国譲り神話」の真実　神話は歴史を記憶する』勉誠出版
『日本神話と同化ユダヤ人』勉誠出版

【著者略歴】

田中英道（たなか・ひでみち）

昭和17（1942）年東京生まれ。東京大学文学部仏文科、美術史学科卒。ストラスブール大学に留学しドクトラ（博士号）取得。文学博士。東北大学名誉教授。フランス、イタリア美術史研究の第一人者として活躍する一方、日本美術の世界的価値に着目し、精力的な研究を展開している。また日本独自の文化・歴史の重要性を提唱し、日本国史学会の代表を務める。著書に『日本美術全史』（講談社）、『日本の歴史 本当は何がすごいのか』『日本の文化 本当は何がすごいのか』『世界史の中の日本 本当は何がすごいのか』『世界文化遺産から読み解く世界史』『日本の宗教 本当は何がすごいのか』『日本史５つの法則』『日本の戦争 何が真実なのか』『聖徳太子 本当は何がすごいのか』『日本の美仏50選』『葛飾北斎 本当は何がすごいのか』『日本国史』『日本が世界で輝く時代』『ユダヤ人埴輪があった！』『左翼グローバリズムとの対決』『日本国史の源流』『京都はユダヤ人秦氏がつくった』（いずれも育鵬社）などがある。

決定版　神武天皇の真実

発行日　2021年２月22日　初版第１刷発行
　　　　2022年６月10日　　　第３刷発行

著　者　田中英道
発行者　久保田榮一
発行所　株式会社　扶桑社
〒105-8070　東京都港区芝浦1-1-1　浜松町ビルディング
電話　03-6368-8870（編集）
　　　03-6368-8891（郵便室）
本文組版　株式会社　明昌堂
印刷・製本　サンケイ総合印刷株式会社

定価はカバーに表示してあります。

ISBN 978-4-594-08749-4